Zolanus

Die Technik des Romans

Plaudereien aus der Werkstatt

Zolanus

Die Technik des Romans

Plaudereien aus der Werkstatt

ISBN/EAN: 9783845744094

Erscheinungsjahr: 2012

Erscheinungsort: Bremen, Deutschland

www.unikum-verlag.de | office@unikum-verlag.de

Zolanus

Die Technik des Romans

Plaudereien aus der Werkstatt

Die Technik des Romans

Plaudereien aus der Werkstatt

von

Jolanus

Verlegt bei Schuster & Loeffler

Berlin und Leipzig

1914

Inhalt

Vorwort

Eine „Technik" für Werke des Geistes aufstellen zu wollen, die nicht wie jene der Plastik und Malerei auch rein technisches Können zur äußeren Vollendung des künstlerisch Darzustellenden unmittelbar zu bedingen scheinen, mutet auf den ersten Blick als etwas in sich Widerspruchsvolles, ja Unmögliches an.

„Technik?" sagt der geistig schaffende Künstler in souveräner Verachtung alles Lehrhaften. „Die kenne ich gar nicht. Wenn es jedoch eine gibt, so kommt sie mir beim Arbeiten ganz von selbst. Wozu habe ich denn meine Inspiration?!"

Und dem ist so. Wohlverstanden: beim gottbegnadeten Künstler. Er bedarf nicht des Mentors. Ihn führt und leitet, wie den Nachtwandler der Instinkt, der göttliche Funke in ihm um all jene Klippen herum, über die mit fast der gleichen Sicherheit der Nichtkünstler stolpert, solange er Blick und Gefühl nicht durch Übung und kritisches Studium an sich und anderen geschult hat.

Und doch bildet sich auch der Dichter-Künstler, der sein erstes Werk vielleicht im ungestümen, regellosen Drang, wenn auch gleich mit der technischen Treffsicherheit seines Talents geschaffen hat, im Lauf seines ferneren

Schaffens mehr und mehr eine Art unbewußter Prinzipien der Konzeption, der Anlage und des Aufbaus, der Sprache und Schilderung, der Vorbereitung und Durchführung der dramatischen Effekte heraus — mit einem Wort: seine Technik, die er freilich nie als abstraktes Reglement wird aufstellen können, und die auch stets seine eigene, von der Technik der großen Romandichterschar abweichende bleiben wird; eben weil er ein Künstler, d. i. ein originell Schaffender ist.

Aber es sind nicht allzumal Dichter von Gottes Gnaden, die da Romane schreiben. Jede Kunst hat ihr Handwerk. Auch die Dichtkunst hat das ihre. Und so dürfen wir die weitaus größere Zahl der Literaturbeflissenen als die „Kunsthandwerker" der Literatur bezeichnen.

Dies braucht in keiner Weise einer Herabsetzung oder Deklassierung ihrer Ziele und Leistungen gleichzukommen. Denn in jeglicher Kunst hat auch das Kunsthandwerk seine Daseinsberechtigung und hohe Bedeutung; ja ohne dieses wäre der ganze Kunstbetrieb nicht gut denkbar. Wollten wir z. B. in der bildenden Kunst aller Kategorien nur die genialischen Meister und ihre Werke anerkennen — woher sollten die Tausende von Bildwerken, Kunstarbeiten der Skulptur, der Möbelfabrikation und Innenarchitektur, der Weberei, Keramik, Gold- und Silberschmiedekunst usw. kommen, deren wir zum Schmuck unserer Häuser und Wohnungen, zu tausend Zwecken des heutigen Lebens bedürfen? Ähnlich liegt es in der Literatur. Wer sollte die ungeheure Menge des täglich benötigten Lesestoffs in Form von Romanen und Unterhaltungsliteratur der Zeitungen und Zeitschriften schaffen, wenn wir nur Meisterwerke verlangen wollten?

Die Zahl der Großen ist unendlich klein. Und sie sind berufen, mit ihrer schöpferischen Originalität die Richtung, die Schule einer Epoche zu schaffen, große Vorbilder, in deren Geist die Kleineren weiterarbeiten, an deren Reichtum sie sich begeistern, bilden, von denen sie sich zu neuen Bahnen anregen lassen sollen, wie jene Kunsthandwerker der bildenden Künste die Werke ihrer Meister vor Augen und im Herzen haben.

Gewiß können sich auch unter den geistigen Epigonen solch eines Großen wieder Schaffende finden, die ihr Talent fast bis zur Höhe ihres Meisters emporträgt, wenn sie freilich auch stets nur die „Nachdichter" bleiben werden; dennoch können sie neue Meister ihrer Art werden, hoch erhaben über das Gros der anderen Talente.

Diese anderen Talente nun sind nach ihrem Umfang höchst unterschiedlich und stufen sich bis zum Talentchen ab, in dessen Leistungen die Atmosphäre des Dilettantismus nur spärliche Lichter einer Kunst durchschimmern läßt. Doch auch beim Talent verwischt oft ein Dilettantismus des Ungeschulten fast völlig die Spuren der Kunst. Und wie der bildnerische Kunsthandwerker seine Lehre durchmachen muß, eines Arbeitssystems und gewissermaßen seiner technischen Formeln bedarf, nach denen er Stil, Entwurf, Grundlage schafft und das Detail projektiert, um das Elementare dann nach Maßgabe seines persönlichen Könnens künstlerisch durchzubilden und abzurunden, so wird auch der literarische „Kunsthandwerker", der Anfänger zumal, sich nach einer Art Handwerkslehre, einem Brevier seiner Kunst umsehen. Denn es ist noch kein Meister vom Himmel gefallen. Und wer nicht gerade als Genie auf die Welt kam, das alles aus sich selbst heraus schöpft, der sucht sich den langen und enttäuschungsreichen Weg der Erfahrungen am eigenen Ich abzukürzen, indem er zunächst nach dem fragt, was andere vor ihm auf dem gleichen Weg gelernt und gesammelt haben.

Versuchen wir im folgenden, uns über die wesentlichen Gesichtspunkte und Voraussetzungen eines ersprießlichen belletristischen Schaffens klar zu werden.

Warum schreibe ich einen Roman?

Ja, warum? Weil ich muß. Oder weil ich gern möchte.

Wenn ich einen Roman schreiben **muß**, nämlich weil mir ein bestimmter Vorwurf, eine bestimmte Idee keine Ruhe läßt, mir Tag und Nacht nicht aus dem Sinn geht und ungestüm nach Darstellung drängt, so ist das für das Gelingen des Werkes ein gutes Prognostikon. Und nur aus solchem Drang heraus sollte ein Buch entstehen. Eine wahre Leidenschaft soll uns für unseren Gegenstand gepackt haben, ein unwiderstehliches Verlangen nach seiner Gestaltung uns erfüllen wie ein Geheimnis, an dem wir ersticken zu müssen glauben, bis wir es von den Lippen haben.

Arbeitet in uns solch ein Drang, so pflegt in unserm Geist der Plan auch bereits ausgereift, das Werk als Ganzes so weit in uns ausgebildet zu sein, um als lebensfähiges Geschöpf geboren werden zu können. Wir geben dann unseren ganzen Menschen, und mit ihm unsere ganze Kunst, und die schaffensfreudige Eile, mit der wir uns in der Arbeit fast überstürzen, läßt ein Werk erstehen, das nicht nach dem Schreibtisch und mühseliger Gedankenakrobatik riecht, sondern dem künftigen Leser frisch aus der Erde entgegenblüht mit dem ganzen bestrickenden Duft des Verinnerlichten, dem ganzen Zauber des seelisch Echten und menschlich Wahren. Auf diesem Weg sind die Erstlingswerke der Großen und wohl der Mehrzahl aller begabten Schriftsteller entstanden, und eben deshalb ist ihnen, bei den ersteren auch das stark Suggestive, der hinreißende, alle etwa vorhandenen Mängel des Werkes vergessen machende Elan eigen, der sie Zeit und Geschmackswandlungen überdauern, ewig jung bleiben läßt. Denken wir nur an Schillers Räuber!

Gewiß, wir kennen derartige Erstlingswerke auch von solchen Autoren, deren Name dann in der Literatur bald vergessen wurde; von denen kein ferneres Werk mehr zum Ruhm des Tages gelangte — vielleicht, weil sie ein zweites gar nicht geschrieben haben. Und das ist jene nicht seltene Erscheinung, daß ein Mensch in seiner Sturm- und Drangperiode in dichterischem Kleid einmal sein ganzes Ich gegeben, sich damit aber auch völlig erschöpft hat, eben weil weiteres nicht in ihm war. So haben schon viele ein gutes Buch, meist ihr erstes und einziges, ihr Buch geschrieben und sind dann verstummt. Aber diese Autoren dürfen wir weniger als Dichter werten; an ihnen ist es der Mensch als solcher, der uns hier mit seinen documents humains gefesselt, an rein schriftstellerischen oder dichterischen Qualitäten indes häufig nicht mehr gegeben hat, als nach Goethe jedem leidlich gebildeten Menschen eigen ist. — Man sieht daraus: Die Verinnerlichung des Stoffes, die Tiefe, mit der wir in ihm leben und weben, macht die Wirkungen des Werkes aus, weit mehr als die Form und „literarische Güte" der Darstellung.

Woraus sich gewissermaßen als oberstes Prinzip des „Schreibens" ergibt: Wir sollen nicht zum Werk kommen, sondern das Werk *zu uns* kommen lassen! Mit anderen Worten: Nehmen wir nicht die Gestaltung eines Stoffes in Angriff, der uns zufällig einmal in den Weg kam und „einen ganz guten Roman abgeben dürfte" — nein, warten wir ab, bis ein Stoff uns begegnet, der uns auf den ersten Blick fasziniert wie ein merkwürdiges oder schönes Gesicht, und bis dieser Stoff uns so erfüllt, daß wir mit seiner Gestaltung beginnen *müssen*! Kommt es aber *nicht* zu solch einer restlosen Herrschaft des Stoffes über uns, so legen wir ihn getrost beiseite. Es ist alsdann wirklich nicht schade um das Buch, das ungeschrieben blieb.

Die oft so nichtssagende, ja minderwertige Romanliteratur der Leihbibliotheken und Tageszeitungen ist eben deshalb so arm an Reizen, weil sie nicht jenem edlen Muß ihr Entstehen verdankt, sondern just solchen am Wege gefundenen oder gar mühsam ersonnenen Vorwürfen, in denen nichts von den vulkanischen Kräften einer Dichterleidenschaft kocht; weil sie geschrieben sind von Berufsschriftstellern, die a u c h m ü s s e n — nämlich mit der Feder ihr Brot verdienen. Nur wenn dem Autor eine besondere Kunst der Darstellung gegeben ist, die ihn befähigt, aus Banalem etwas Persönliches und damit d o c h Originelles zu machen, wird er jene irgendwo aufgelesenen oder künstlich hergestellten Vorwürfe mit Glück seinem Schaffen zugrunde legen. —

Da wir gerade jene andere Art des „Müssens" gestreift haben, nämlich die des Verdienenmüssens: Armer Mann, der Romane schreiben muß, um zu leben! Wer sich auf diesen Leidensweg noch nicht begeben hat, der betrete ihn nicht! Um alles in der Welt nicht! Oder wenigstens nicht früher, als bis er nach dem Erfolg seiner Erstlingswerke ohne Optimismus ermessen kann, welche Garantien für sein tägliches Brot ihm die Feder gibt. Ohne Optimismus — ja, da ist schon der Haken. Denn die meisten Kunstjünger sind *unverbesserliche* Optimisten! Hat *dieses* Buch keinen Erfolg gehabt — nun, das nächste wird ihn ganz bestimmt haben, mindestens aber von einem gut zahlenden Blatt zum Abdruck erworben werden. Das Buch, das man unter der Feder hat, wird ja bekanntlich *immer* etwas ganz bestimmt Erfolgreiches ... bis das Manuskript in Reinschrift prangt und dann eines Tages mit den Merkmalen der Wanderung vom Verlage den Weg wieder in die Werkstatt zurückfindet.

Die Ursachen der so schlechten „Konjunktur" im Schriftstellerberuf mögen in vielem liegen. Die Unlust des deutschen Publikums, Geld für ein Buch auszugeben, das mehr als 20 Pfennige kostet, die Vorliebe für die weit billigere literarische Versorgung aus einer Leihbibliothek, die zunehmende Hast und Oberflächlichkeit, die zu literarischen Interessen immer weniger Muße und Sammlung lassen — die Damen, das Hauptlesepublikum, haben ja heute soviel anderes zu tun! — und endlich die ungeheure Überproduktion an belletristischer „Ware" — das alles hat im Verein mit noch anderem den Kurs in der Literatur für Verleger und Autor auf einen geradezu kläglichen Tiefstand herabgedrückt. / Niemandes Können und Arbeit wird heute schlechter bezahlt als die des Schriftstellers, durchschnittlich gerechnet auf Grund der betrüblichen Tatsache, daß er so manche Arbeit überhaupt nicht, andere erst nach langem Warten bezahlt bekommt; ausgenommen natürlich die Autoren bekannten Namens, die jedoch ebenfalls über die Lage des literarischen Geschäfts ihre Klagen laut werden lassen, ja teils in einer für ihren Poetenruhm höchst beschämenden finanziellen Enge leben. Nein, wer durchaus mit „Schreiben" Geld verdienen will, der schreibe lieber Adressen! — Und gar ein Buch zu dem Zweck schreiben zu wollen, um einen finanziellen „Schlager" zu machen und den Tantiemensegen zu ernten, der dem Uneingeweihten angesichts der großen Kassenerfolge einzelner Bücher vorschwebt, ist die unglücklichste aller Spekulationen. Denn erstens gehören derartige Kassenerfolge zu den blauen Wundern der Literatur, ja die Chancen dafür sind ungleich geringer als die für das große Los; anderseits aber sind wohl gerade d i e Bücher, die vom Autor als „Schlager" gedacht waren, in den seltensten Fällen auch einer geworden; vielmehr pflegt sich solch ein starker Erfolg in klingendem Lohn gerade da einzustellen, wo es sich keiner hat träumen lassen, am wenigsten der Autor selbst. Denn: habent sua fata libelli. Und über so manchen Riesenerfolg eines Buches war niemand mehr erstaunt als sein eigener Autor.

Und so kämen wir denn zum zweiten Punkt: Warum schreibe ich einen Roman? Weil ich gern möchte.

Nun ja. Warum nicht? Du hast einen Stoff. Glaubst Talent zu haben. Man hat es dir gelegentlich kleinerer Arbeiten bestätigt oder dir versichert, du seist ein gewandter und unterhaltsamer Erzähler. Du möchtest „es" also einmal versuchen.

Gut. Versuche es. Vielleicht gelingt der Wurf. Aber vergiß nicht dies beides: die Muse ist die eifersüchtigste aller Frauen. Die Lösung einer künstlerischen Aufgabe erfordert den ganzen, ungeteilten Menschen, das heißt: du kannst es nicht „so nebenher" machen, denn die Konzeption eines Buches bedingt vollkommene Sammlung, restlose Konzentration auf den Gegenstand. Bis nicht die letzte Zeile auf dem Papier steht, duldet sie keinerlei Eindringen anderer Bewegungsmomente in deine Seele. Sonst wird es nur eine halbe Sache, ein

Konglomerat verschiedener Stimmungen und künstlerischer Qualitäten je nach der Aufgelegtheit zur Arbeit. Freilich gibt es auch Menschen — aber nur wenige —, die sich jederzeit wie auf Kommando auf eine bestimmte Sache voll und ganz konzentrieren, alles andere momentan von sich abstreifen und sich der Stimmung eines begonnenen Werkes derart wieder hingeben können, daß man ihm von Unterbrechungen nichts anmerkt. Tolstoj hat an seinem prachtvollen Roman „Anna Karenina" viele Jahre mit großen Intervallen und meist nur mit Unlust zur Wiederaufnahme gearbeitet. Aber das sind, wie gesagt, Ausnahmen. Die Regel ist, daß ein gutes, ausgeglichenes Werk nur bei flüssigem Guß gelingt.

Und zweitens: Prüfe deinen Romanstoff nicht in erster Linie von dem Gesichtspunkt aus, ob er *dich* interessiert, sondern ob er die *anderen* interessieren wird, die dein Werk lesen sollen. Gewiß, aus einem Stoff, der dein besonderes und persönliches Interesse besitzt, würdest du ein beredteres Werk als aus jedem anderen formen können. Aber das ist nicht das Maßgebende; vielmehr das: was erwartet das Publikum, wenn es zum Buch greift? Denn du willst es doch nicht enttäuschen; willst ihm als Dichter gefallen, da es über alle Kritik hinweg doch die letzte Instanz für die Entscheidung deines Dichterschicksals sein wird. Und du willst dem Publikum Appetit auf mehr aus deiner Feder machen, ihm unentbehrlich werden. Darum beschäftige dich recht oft und liebevoll mit der Frage: Was sucht der Leser im Roman? —

Warum das Publikum Romane liest

„Ach, das ist ja doch alles nicht wahr!" sagt oder denkt der Leser so oft. Und das Seltsame ist: er läßt sich durch ein solches Bewußtsein nicht nur nicht das Vergnügen an der eben genossenen Lektüre verderben, sondern greift alsbald zu einem neuen Roman, um diesen, sofern er fesselnd geschrieben ist, mit demselben Vergnügen wie den vorigen zu „verschlingen".

Darin liegt ein merkwürdiger Widerspruch. Doch ein Widerspruch, der allein schon etwas beweist, nämlich: daß jenes „lügenhafte" Geschreibsel des Erzählers nicht etwas schlechthin Überflüssiges und die Gewohnheit, es zu lesen, nicht einfach ein Privileg des Müßiggangs und Zeitvertreibs ist, sondern irgendeine innere Notwendigkeit haben muß.

Gewiß stellt das Werk des Erzählers zunächst etwas Unwahres dar. Dies tut auch das Gemälde, das eine Landschaft, das Bildwerk, das eine menschliche Gestalt vorstellt. Freilich maßen sich Gemälde und Bildwerk, die Landschaft aus Ölfarben und Leinwand und der Mensch aus Marmor, nicht so sehr an, für etwas Nichtunwahres angesehen zu werden wie der Roman, der in Zeitform und Behandlung des Gegenstands sich der täuschenden Mittel des Tatsachenberichterstatters bedient.

Die Lüge jenes Gemäldes oder Bildwerks also ist gewissermaßen kleiner als die des Romans. Aber Lügen im abstrakten Sinn sind sie alle drei. Denn es sind nicht Schöpfungen der Natur, sondern der Kunst. Und weil sie Kunstwerke sind, besitzen sie die magische Gabe, den, der sich ihnen betrachtend hingibt, trotz ihres Unwahren zu fesseln wie die Wirklichkeit selbst, ja oft in noch höherem Maß.

Und auch das hat seine tieferen Ursachen. Wie einer, der kein Naturschwärmer ist, dennoch ein leidenschaftlicher Liebhaber des Landschaftsbildes sein kann, ebenso ist mancher, der an den Erscheinungen des wirklichen Lebens achtlos vorübergeht, ein eifriger, leicht gefesselter Leser guter Romanliteratur. Was diesen wie jenen fesselt, ist zunächst die Kunstform; die Darstellung von Geschautem und Erlebtem in der eigenen Note, in der eben nur ein Künstler es wiederzugeben vermag, und die das Alltäglichste außerordentlich, das Nebensächlichste bedeutungsvoll, das Abstoßendste anziehend macht. Jene eigenen Stimmungen sind es, die der Künstler, der Dichter uns menschlich vermittelt: Stimmungen, Genußfreuden unseres Gefühls, sonntägliche Regungen unseres Herzens, die dem Menschen von Zeit zu Zeit einmal Bedürfnis sind, und die er in der ganzen Welt nirgends anders denn allein in der Welt des Dichters findet.

Jenen Stimmungszauber und jene Gefühlseinflüsse sucht er gern, denn sie lassen unbewußt Gleichempfundenes in ihm anklingen, befruchten den Keim gleicher, schlummernder Ideen und führen aus dem Alltäglichen hinaus in das Ungewöhnliche, das Feierliche und Höhere, wo sich der Seele Ausblicke in die Rätsel des Menschtums, die höheren Zwecke unseres Seins und die Schönheit des Lebens erschließen.

Das aus Eindrücken einer Künstlerseele, aus Reflexen aus dem Auge des so eigen schauenden Dichters heraus zusammengefügte, in des Wortes eigenster Bedeutung „erdichtete" Bild eines köstlichen Maientages läßt uns wie die sonnenflimmernden, frischgrünen Birken des Malers die Schönheit des Frühlings oft viel unmittelbarer empfinden als der Anblick der Frühlingsnatur in Wald und Feld selbst. Die künstlerische Wiedergabe der Leiden eines Unglücklichen vermag uns oft viel stärker zu packen und zu helfender Nächstenliebe hinzureißen als die Bilder des Elends, die wir leibhaftig sehen.

Kunst ist die Steigerung oder auch Verinnerlichung alles Fühlens und Sehens, die Quintessenz einer Menschenseele, und darum gleichsam eine Festspeise, nach der die Seele in ihrer unendlichen Vieseitigkeit des Empfindenkönnens und -wollens allzeit verlangt. Deshalb liebt auch der Leser am meisten das Werk des Dichters von zartem Gemüt, das vielgeschmähte „Sentimentale", sofern es sich in der schlichten Form des wahr und nicht künstlich Empfundenen gibt. Jenen Romanen, denen ein wirklicher künstlerischer Erfolg beim lesenden Publikum zuteil wird, wird stets viel Gemütbewegendes eigen sein; sie werden uns leicht empfindsam stimmen, zu Tränen bereit finden, werden Regungen tiefen Mitleids, aufrichtiger Menschenliebe, starken Abscheus in uns wecken; sie werden zu unseren feineren moralischen Instinkten sprechen, unserer Seele die Vertiefung des Lebensbewußtseins vermitteln.

Mit solchen unbewußten Erwartungen von Ungewöhnlichem greifen wir zum Buch, gleichwie wir, um Neues einer anderen Welt zu schauen, uns auf Reisen begeben. Je künstlerischer die Darstellungen eines Romans sind, um so tiefergehend, um so nachhaltiger werden seine Wirkungen sein, und nur am schlechten Werk fällt uns verstimmend das Unwahre auf.

Freilich gibt es hinsichtlich jener Wirkungen auch Unterschiede, oder besser gesagt: Abstufungen dem Niederen zu. Auch ein durch und durch unkünstlerisches Buch kann unter Umständen starke Wirkungen ausströmen, namentlich auf Leser, die in erster Linie Sensationen suchen.

Andere Gattungen wiederum haben ihr ganz besonderes Publikum. Wer für eine bestimmte Frage Interesse besitzt, der liest den sie behandelnden Tendenzroman. Den Liebhaber der Geschichte zieht es vorzugsweise zum historischen Roman; den, der das Gruseln lernen will, zum Detektivroman. Das ausgedehnteste Publikum freilich wird immer die Liebesgeschichte haben, und verheißt ein Buch eine solche, so wird es von vornherein das gesamte Lesepublikum ohne weiteres zu seiner Lektüre bereitfinden. Denn das Spiel der Liebe, dieser „populärsten“ der Leidenschaften, sieht ein jeder gern auf der Szene des Lebens; mit den Liebenden des Romans träumt er noch einmal den schönen Traum seiner eigenen Liebe, lebt er Selbsterlebtes noch einmal mit in der still lächelnden Resignation entschwundener Jugend, oder träumt er sich in Zukünftiges, das ihm das Leben noch bringen soll, oder auch in ein Lebensmilieu, das er ersehnt, doch das ihm versagt ist.

Allen Gattungen des Romans aber ist ein gemeinsames Anziehendes eigen: das Tatsächliche des Ereignisses, das sie uns vortäuschen, das Stück realen Lebens der Art, wie wir es in den Zeitungen finden. Jeder nicht gar zu ausgefallene Roman muß solch einen Ausschnitt aus dem wirklichen Leben bieten. Und all die tausend Variationen des Lebens sind es, die es uns zu sehen verlangt.

Je weniger einer selbst mit dem Leben in Berührung kommt, ein um so eifrigerer Leser pflegt er zu sein. Den inmitten des Weltgetriebes Stehenden dagegen verlangt es weniger oder gar nicht nach der Chronik der Ereignisse oder Ereignismöglichkeiten der Romanwelt. Und wie es die Frau als die von Natur zartsinnigere weit mehr als den Mann zu jenen Büchern gefühlstiefer Kunst hinzieht, so treibt es auch sie, die oft an die erlebnisarme Stille des Heims Gebannte, mehr als den Mann zur Lektüre der Bücherwirklichkeitswelt. Frauen bilden das zahlreichste und dankbarste Publikum des Romanschriftstellers.

Neben oder hinter den Ereignissen, die der Leser in der ganzen Farbenskala des lebenswirklich Möglichen im Buch dargestellt sehen will, sucht er wohl oft auch die Lebensweisheit. Er weiß, hier kann er vielerlei lernen, was er draußen nicht sieht, viel Kluges aus erfahrenem Mund hören, das im wirklichen Leben niemand zu ihm spricht. Und gerade der in der Wahl einer Anschauung weniger Selbständige liebt es, im Buch einen Mentor für seine Gedanken, etwas Fertiggedachtes zu finden, das er als eigene Meinung annehmen kann (und leider viel zu oft gutgläubig annimmt, ohne es vom Standpunkt seines eigenen Naturells selbst ein wenig geprüft zu haben).

Zur Lebenserfahrung drängt es uns alle, und ein gutes Buch, das echtes Leben enthält, ist uns stets ein zuverlässiger Spiegel von Menschen und Welt, ein weiser, wohlmeinender Freund, der uns manch peinliche Erfahrung ersparen kann. Hat aber nicht unmittelbar der Gedanke an eine praktische Nutzbarkeit der Erfahrungen zur Lust am Buch geführt, so tat es instinktiv unsere nach Offenbarung aller Daseinsweisheiten trachtende Menschenseele als ein Stück der großen, alleswissenden Weltenseele.

Und schließlich ist es ein ganz Persönliches, das wir im Buch suchen: uns selbst, unseren

Charakter, unsere Schwächen, unsere verborgenen Neigungen, unsere Laster. Der Mensch will sich dargestellt sehen. Wir wollen erleben, wohin es mit anderen unseres Schlages kommt, wie andere ihren Schwächen und Lastern, die auch die unseren sind, erliegen oder mit unseren Tugenden siegen.

Und hierin liegt vielleicht einer der größten, wenn uns auch nicht unmittelbar bewußten Reize des Lesens. Ein Buch, dessen Menschen sich in ihrer Art der unseren nähern, wird uns stets etwas wie ein Schicksalsbuch sein.

Ein Stück von uns aber finden wir wohl in jedem Buch, wo echte Menschen handeln und sprechen, lieben und hassen, sündigen und Gutes tun. Mag darum ein Buch der Fehler, der Unwahrscheinlichkeiten noch so viele enthalten — es wird Leser finden, die an seinen Menschen sich selbst in neuen Lebenslagen zu sehen wünschen.

So wird auch das mißlungenste Buch nicht ganz unnütz sein. Alle zusammen helfen sie uns zur Selbstkenntnis und Selbsterkenntnis. Und das „Erkenne dich selbst!" ist das Geheimnis des Glücks auf Erden.

Idee und Vorwurf

Die Idee ist die Seele des ganzen Werkes. Sein Ausgangspunkt, sein Inhalt, die „Moral von der Geschicht'". Das allein sagt genug über ihre grundlegende Bedeutung für *jedes* Werk.

Aber wie wir bereits gesehen haben: die Idee soll nichts sein, das wir in dem Bestreben, ein Buch zu schreiben, uns mühsam erst „ausknobeln", aus dem Sammelkasten der Erinnerungen und Eindrücke herauskramen — oder gar aus den Werken anderer „entleihen" müssen. Nein, es muß *uns etwas einfallen*, wie der terminus technicus lautet.

Und einfallen wird dem schriftstellerisch Begabten, der ja auch von Natur ein ebenso reger Geist wie guter Beobachter zu sein pflegt, so manches (wenn auch nicht alles ohne weiteres zum Vorwurf eines guten Buches ausreicht). Oft ist es ein en passant aufgefangenes Wort, eine Bemerkung, ein Erlebnis auf der Straße, ein Bild, eine Zeitungsnotiz, eine zufällige Gedankenkombination, die da blitzartig eine Idee in uns entzünden. Wer mit offenen Augen durchs Leben geht, dem werden sich Ideen allerorts offenbaren, mehr, als seine Zeit ihm künstlerisch zu gestalten erlaubt.

Und seltsam: so unendlich viel verschiedene

Bücher geschrieben worden sind — die Idee, die uns einfällt, dünkt uns fast immer neu, noch nie dagewesen, wenigstens nicht im Roman. Und das trifft bis zu einem gewissen Grade auch zu. Denn ebenso, wie es noch nicht dasselbe ist, wenn zwei dasselbe tun, ist auch die gleiche Idee, von zwei verschiedenen Gehirnen reflektiert, meist nicht die gleiche; ja oft werden zwei ganz heterogene Elemente daraus, je nach der Weltanschauung, der Gemütsart, Lebenserfahrung, Gesinnung und Phantasie des einzelnen, kurz: nach der ganzen persönlichen Art, wie er die Wirklichkeit sieht. Liegt doch auch für den Leser beim Lesen immer neuer Romane ein Hauptreiz gerade darin, die Wirklichkeit aus immer anderen Augen zu sehen und jedesmal die Überzeugung zu gewinnen, daß sie auch so aussehen kann.

Die Phantasie ist es vor allem, die der gleichen Idee das stets wechselnde neue Gepräge gibt. Hunderte von Romanen könnten wir nebeneinanderstellen, die im Grunde aus ganz der gleichen Idee geboren sind, ohne doch in etwas anderem aneinander zu erinnern als allenfalls in dem fernen Gleichklang des Verwandten aller Seelen untereinander.

So hilft also wesentlich die Phantasie, eine

Idee „neu“ zu machen. Aus ihr erblüht das ganze Rankengewinde um den Kern der Idee. Und statten wir diese nun noch mit den Zügen unseres Wesens aus, lassen wir sie spiegeln in unserem Gemüt, geben wir ihr den Ausklang, den gerade unsere Auffassung von den Dingen des Lebens uns folgerichtig erscheinen läßt, so müssen Menschen wie Vorgänge, darin wir unsere Idee zum Ausdruck bringen, ganz unwillkürlich eine von anderen mehr oder minder abweichende Physiognomie gewinnen.

Um die praktische Lehre daraus zu ziehen: die Grundidee deines Werkes braucht nicht — soweit sie es überhaupt kann — funkelnagelneu zu sein. Auf die Art ihrer Versinnbildlichung und die persönliche, aus dir selbst zu reflektierende Wiedergabe des Wirklichkeitsausschnittes, in den du sie hineinlegst, kommt es vor allem an.

Trotzdem versteht es sich ganz von selbst, daß man auch in der Idee jede zu augenfällige Verwandtschaft mit schon Vorhandenem meidet, d. h. möglichst originell bleibt und eine solche Idee, die schon zu oft behandelt oder gar „abgeklappert“ ist, lieber ganz ausscheidet. Denn es ist in der Regel eine wenig dankbare Sache, einem schon zu oft romangewordenen Thema seine Zeit und Kunst zu widmen, selbst wenn man es auch in einer „ganz neuen" Couleur und mit besonderen Schilderungseffekten darstellen zu können glaubt. Das Gros der Leser ist zu wenig gründlich und kunstverständig, um solche oft ganz im Künstlerischen liegenden Nuancen werten zu können, und wird stets geneigt sein zu sagen: „Das ist ja was Altes!"

Grundsätzlich zu verwerfen aber ist jede Art von direkter „Nachdichtung" oder richtiger Nachäfferei, wie wir sie besonders häufig bei Erfolgbüchern beobachten können, beispielsweise bei dem vielgelesenen „Tagebuch einer Verlorenen" mit seinen Imitationen als: Tagebuch einer anderen Verlorenen, Tagebuch auch einer Verlorenen, Tagebuch einer Verstorbenen u. a. Mit solch einer spekulativen Nachtreterei stellt sich der Autor ein testimonium paupertatis aus und stempelt sich als den Trabanten und Parasiten des anderen, so daß sein Werk a priori dem Vorurteil des Diebstahls begegnen muß. Denn nur um eine Art Patentdiebstahl handelt es sich hier. Kein ehrlich Schaffender wird sich daher in solch eine Räubergefolgschaft Erfolgreicher begeben, sondern seinen literarischen Stolz stets in seine persönliche Originalität setzen. Glücklicher (und ganz logischer) Weise aber rekrutieren sich diese literarischen Jobber nur aus den Kreisen des Dilettantismus und literarischen Proletariats, denen man ihr Papageitum mitleidsvoll nachsieht, und deren „Werken" meist schon die Kritik ein Leichenbegängnis in aller Stille bereitet.

Die vollendetste und zugleich übelste Form der Nachdichtung, das Plagiat, brauchen wir in seiner Verwerflichkeit hier wohl nicht besonders zu kennzeichnen. Jeder honett denkende Mensch wird die Gebote von „mein und dein" in der Literatur ebenso respektieren, wie er den Diebstahl auch in anderen Dingen als eine Infamie verurteilt; und gerade in der Literatur hat das Entwenden fremden Eigentums eine verzweifelte Ähnlichkeit mit dem Mitnehmen silberner Löffel bei jemand, bei dem man zu Gast gewesen ist. Als einem Gebildeten, der ein Autor sein muß und sein will, muß ihm jedes Eigentumsvergehen ganz besonders schwer zur Last gelegt werden, und er wird darum das selbst unzulängliche Gewächs des eigenen Gartens stets der Kulturblume eines fremden vorziehen.

Und nun die große Frage: Kann man denn überhaupt „originell" im vollsten Umfang des Wortes sein?

Ja, man könnte es wohl. Wenn das eine im Roman nicht sein müßte: die Liebe. Und „ohne Liebe“ scheint es im Roman nun einmal nicht abgehen zu dürfen. Sie ist und bleibt die obligatorische Würze im Dichtwerk, die pièce de résistance auf der Tafel des literarischen Genusses, ja geradezu der kategorische Imperativ in der Werkstatt des Dichters. Es gibt Leser (und erst Leserinnen!), die es tödlich übelnehmen, wenn sie in einem Buch keine Liebesgeschichte finden, und sein Autor darf sicher sein, daß sie nach ihm so bald nicht wieder fragen werden. So gehört es denn schlechthin zu den Seltenheiten, daß ein Buch „ohne Liebe“ Anklang beim großen Publikum findet, sofern es nicht eben irgendwelche anderen besonderen Reize oder auch Sensationen aufweist, und es ist eine statistisch leicht festzustellende Tatsache, daß solche liebesleeren Bücher in der Literatur weiße Raben sind.

Wie das kommt? Nun, weil eben die Liebe die populärste aller Leidenschaften und Menschenfreuden ist; das, wovon der Mensch „nie genug kriegen kann“. Zur Liebe kehrt er immer wieder zurück wie an den gedeckten Tisch, wenn er sich vorher auch noch so sehr an beiden gesättigt hat.

Mit diesem Faktum muß der Romanschriftsteller wohl oder übel rechnen. Aber das legt auch der Originalität seiner Ideen einen großen, dicken Stein in den Weg. Denn ach! — in Amors Requisitenkammer ist beim besten Willen nichts Neues mehr zu entdecken. Ein bekannter Schriftsteller hat einmal ausgerechnet, daß es in Sachen Liebe 32 verschiedene Kombinationen gibt, die im Roman alle schon dagewesen sind — nicht einmal, nein, hundertmal. Wie also noch originell sein?

Nun, auch hier wird die Phantasie Rat schaffen. Und sie braucht sich dabei nicht einmal übermäßig in Unkosten zu stürzen. Sind es doch sowieso in jedem Roman immer neue Menschen, die sich auf die ewig alte Art lieben! Und das Liebespärchen, das man uns heute zeigt, belauschen wir mit nicht geringerer Spannung und Neugier als das von gestern, das sich auf der gleichen Bank auf ganz die gleiche Weise liebte. Der Konflikt ihrer Liebe aber, das eigentlich Spannende an der Sache, fesselt auch dann noch, wenn es uns nicht mehr neu ist, denn: wie wird diesmal die Lösung sein? Ebenso oder anders als das vorige Mal?

Doch noch ein zweites Hemmnis erwächst dem Schriftsteller aus jenem Liebeszwang im

Roman. Wie, wenn sein Naturell gerade für Liebessachen zu spröde und nüchtern, sein Temperament zu kalt ist? (Oder wenn er ein Weiberfeind ist? Oder die ganze Liebe infolge eigener trüber Erlebnisse im Magen hat?) Muß er deshalb die schreiblustige Feder zur Seite legen und den Traum seines Dichterruhms einsargen?

Man möchte ihm beinahe sagen: Ja, leider. Aber ganz so hoffnungslos liegt der Fall doch nicht (wenn auch Kälte des Temperamentes dem ganzen dichterischen Schaffen kein sonderlich günstiges Prognostikon stellt). Verhältnismäßig leicht freilich kann außer dem Sherlock Holmes nur e i n e r ohne Liebesschwüre und Küsse in der Belletristik fertig werden: der Humorist und Satiriker. Wer etwas zur Belustigung gibt, der ist vom Liebeszwang dispensiert. Er bietet eben Ersatzwerte, denn auch auf anderer Kosten lachen, sich mokieren und andere durch ihre Dummheit in der Tinte sehen, tut der Mensch gelegentlich einmal gern.

Freilich, wenn der would-be-Romancier weder Talent zum Lieben hat — wenn auch nur auf dem Papier — und weder Humorist noch Satiriker ist, dann wird er's nicht leicht haben, sich sein Publikum zu gewinnen. Was er an echten Lebensschilderungen und Menschenschicksalen auch bringen mag — es wird die meisten langweilen, arm bleiben an jenen Schwingungen des Menschenherzens und Nervensystems, wie sie eben nur die Liebe auszulösen vermag. Und darum: Eine kleine Jasminlaube sollte er doch igendwo grünen lassen oder in Aussicht stellen, und sei es ganz am Ende des Buchs, damit der Leser den Weg durch die vorangehenden Seiten gutwillig mitgeht.

Noch eins, ehe wir von der Frage der Idee und ihrer Originalität Abschied nehmen:

Eben die Erkenntnis, daß alles schon einmal dagewesen ist, und der daraus resultierende Wunsch, sich eines möglichst originellen Vorwurfs zu versichern, der Ben Akiba vielleicht doch Lügen straft, verleitet so manchen, sich mit seiner Phantasie auf Abwege zu begeben, d. h. einen ganz ausgefallenen Stoff zu wählen. Damit aber wird er erst recht kein Glück haben. Denn alles Gesuchte verstimmt den Leser. Und das Publikum hat ein gar feines Gefühl für die Grenzen des Möglichen und Natürlichen, die der Dichter als Wirklichkeitskinematograph nicht überschreiten darf. Überrascht uns zwar auch der größte aller Dichter, das Leben selbst, mitunter mit den wundersamsten und abenteuerlichsten Geschichten und Zufälligkeiten, so sind sie in diesem Fall eben durch die Wirklichkeit akkreditiert. Dem Dichter aber glaubt man's einfach nicht, und der Verdacht des Unwahren nimmt seinem Werk allsogleich gerade den Reiz, den der Leser sucht: den Reiz des Erlebbaren. Für utopische Möglichkeiten im Spiel des Lebens hat das Publikum keinen Sinn. Es gibt sich mit Interesse nur dem hin, was es selbst erlebt oder glücklicherweise nicht erlebt hat, jeden Tag erleben könnte oder erleben möchte. Also: Belüge mit deiner Phantasie nicht dich selbst! Wolle andere nur glauben machen, was du selbst glaubst! Sonst sagt man von deinem Werk: ein verrücktes Ding!

Handlung und Aufbau

Schicken wir uns an, auf der Grundlage unseres Vorwurfs das Gerüst der Handlung für unser Werk aufzubauen, so werden wir zunächst einmal inne, ob und wieweit unsere Idee überhaupt für den Umfang eines Werkes ausreichend ist. Hier liegt die Feuerprobe ihrer Brauchbarkeit.

Was ist „Handlung" im Roman? Eine Folge von Vorgängen, resultierend aus Handlungen der Personen wie Fügungen des Schicksals, das aber auch nicht so sehr etwas rein Zufälliges, als von Handlungen und Unterlassungen Bestimmtes ist. Im Roman wenigstens soll es das sein. Denn um es gleich vorauszuschicken: das rein Zufällige von Schicksalsfügungen, das da ohne irgendeine innere Notwendigkeit wie ein Blitz aus heiterem Himmel kommt und à la deus ex machina irgendwo im Werk einen Knoten schürzen, einen Konflikt komplizieren oder lösen soll, befriedigt den beim Romanlesen es mit der Wahrheit genauer als im Leben nehmenden Menschen nicht und deutet dort, wo man sich anders nicht helfen konnte, auf Unzulänglichkeit des Vorwurfs oder einen Konstruktionsfehler hin. (Nur die mit Recht so beliebten Erbschaften aus Amerika, das große Los, das ja leider w i r k l i c h etwas recht Romanhaftes ist, und allenfalls Schlaganfälle dürfen wie im Leben ohne Logik und Vorbereitung hereinplatzen.)

Also: die Personen sollen handeln. Handeln in erster Linie. Daß sie dabei auch reden müssen, ist selbstverständlich, und wir hören ihnen mit Interesse zu, solange ihre Reden uns mit den Vorgängen in Verbindung halten, uns einen Willen, Seelenverfassung, Charakterzüge, Leidenschaften, Fehler, Erlebtes und Gehofftes, kurz all das, was die Vorgänge irgendwie motiviert oder vertieft, kund und zu wissen tun. Und wir hören aus jenen Reden auch gern einen feinen Geist, Witz, Lebenserfahrung und menschliche Schwächen sprechen. Doch des Lesers Interesse flaut ab, sobald die Rede zum Stillstand der Handlung wird; sobald die Personen sich über das Thema — oder gar etwas, das gar nicht dazugehört — allzusehr zu verbreiten beginnen, schwatzhaft werden, philosophieren und philosophastern. Ein Stück Lebensphilosophie in gelegentlichen mäßigen Dosen nehmen wir gern hin; und vollends in Romanen, die einem Problem auf den Grund gehen wollen, wird die Rede wohl oder übel und unwillkürlich leicht die Herrschaft über den Fortgang der Sache gewinnen. Aber damit beginnt schon die Gefahr für des Lesers Interesse, das Attentat auf seine Genußlaune. Denn er will sehen, nicht hören. Die Beobachtung von Ereignissen fesselt ihn stets mehr als das Zuhören bei langatmigen, wenn auch noch so klugen Monologen und Dialogen oder gar bei Kaffeeklatsch und trivialem Alltagsgeschwätz.

Wer deshalb ein Buch schreiben will, um sich einmal seine Meinungen von der Leber zu reden und eine bestimmte Frage zur Diskussion zu stellen, der tut niemals gut, zu solchem Vorwand die Form eines Romans zu wählen, dessen Handlung dadurch in der Regel von vornherein als Nebensache in den Hintergrund gedrückt wird. Es ist immer unerquicklich, wenn auf solch einem Meer von Philosophien nur ein dürftiges Quäntchen Handlung schwimmt und wenn diese sich nur in blassen Äderchen durch das Gebilde des Werkes zieht. Eine Doktordissertation hört eben auf, ein Roman zu sein.

Gewiß lassen sich auch Probleme — und andere Diskussionen sowie Polemiken aller Art in das Gewand eines *guten* Romans kleiden. Dann aber muß sein Autor es bestens verstanden haben, die Handlung, nicht die Lippen sprechen zu lassen; muß seine Idee in Wirklichkeitsbildern verkörpert geben, so daß die letzteren die Moral der ersteren werden. Solch eine Illustration des Gedachten und Gewollten wird zudem auf den Leser weit überzeugender wirken als Rede und Gegenrede, die stets seinen eigenen Einwendungen und seinem Kopfschütteln Raum gibt, während die romanmäßige Wirklichkeitsberichterstattung ihn vor nackte Tatsachen stellt. Und war er vorher vielleicht ganz anderer Ansicht als du, so wird dein Illustrationsbeispiel ein unwiderlegliches „quod erat demonstrandum“ werden. In dieser Form lassen sich Ehe-, Kunst-, soziale und andere Probleme romanhaft behandeln, und in ihr kann man seinen lieben Mitmenschen nach allen Regeln der Kunst die Leviten lesen.

Mit all dem ist schon viel über das Wesen der Handlung und die Anforderungen an sie gesagt. Vor allem das eine: sie soll stets in Bewegung, nie stagnierend sein; immer fortschreiten und sich weiterentwickeln wie ein sich abrollender Film. Jedes gesprochene Wort muß eine Förderung dieser ständigen Weiterentwicklung sein, Neues vorbereitend oder zu neuen Gesten und Handlungen zwingend. Und pflegt man an manchem Bühnenwerk, das die höchste Potenz der Knappheit in unaufhörlich rollender Handlung sein soll, zu tadeln, es sei zu „romanhaft" angelegt, so bildet dies keineswegs eine Konzession an den Roman bezüglich der Handlung in dem Sinn, sie dürfe hier schleppend und weniger flüssig sein. Vielmehr versteht sich dies auf die Sparsamkeit im gesprochenen Wort, die im Drama zugunsten der Handlung bis zum Geiz getrieben werden darf und soll, im Roman als dem erzählenden Werk aber das Behagen des Plauschens und Zuhörens leicht stören würde. —

Welche zeitlichen Maße sind nun für die Handlung gegeben? Über welchen Zeitabschnitt darf sie sich ausdehnen?

Es gibt gute Bücher, deren Handlung Jahre, selbst Jahrzehnte in Anspruch nimmt. Und es gibt eins, wo sie sich in genau vierundzwanzig Stunden (auf fast 300 Seiten) abspielt.

Zeitliche Grenzpfähle also lassen sich weder nach der einen noch anderen Richtung stecken. Aber eines ist sicher: Ein zu geringes Zeitmaß wird die Handlungsmomente stets zu sehr auf- und ineinanderdrängen, wie umgekehrt ein zu ausgedehntes sie zu weit auseinanderzerren muß. Anderseits aber können wir nicht bei einer sich über eine Reihe von Jahren hinziehenden Handlung über jeden Tag und jede Woche berichten (das gäbe einen halben Bücherschrank voll ennuyanter Lektüre), vielmehr müssen wir notgedrungen bestimmte Zeitintervalle überspringen, was z. B. mit der geschätzten Wendung geschieht: „Und wieder war ein Jahr ins Land gegangen." Diese Zeitunterschlagung aber nimmt wieder der Leser übel. Er möchte nämlich gern wissen, was aus dem „ins Land gegangenen" Jahre geworden ist und warum in ihm nichts geschah, was ihn interessiert. Er merkt die Absicht — nämlich über ein Loch in der Handlungsentwicklung hinüberzubalancieren — und wird verstimmt. Er will die Leutchen des Romans nicht auf einmal mit weißen Haaren auftauchen sehen, sondern will Schritt für Schritt mit ihnen ebenso altern, wie ein Mensch nicht von heute auf morgen mir nichts dir nichts ein Jahr älter wird. (In Romanen ist schon mancher über Nacht meuchlings „um Jahre" gealtert.)

Was also tun? Das eine kann man nicht und das andere darf man nicht.

So heißt es denn: Weise Einteilung und Beschränkung; Einteilung so, daß die mit Stillschweigen zu übergehenden Zeitintervalle geringe werden und so die Handlungsmomente nicht wie Kilometerseile, sondern nur etwas länglich geratene Kettenglieder verbinden und zusammenhalten; und Beschränkung in der Gesamtdauer der Handlung über keine größere Zeitstrecke, als der gute innere Schluß des Ganzen erlaubt. Wird auf diese Weise vom ursprünglichen Plan des Werkes auch oft ein Stück wegamputiert werden müssen, so ist das nicht zum Schaden des Werkes. Denn der Roman soll einen Lebens*ausschnitt* geben; kein ganzes Leben. Das kann er gar nicht, wenigstens nicht in Wahrung der künstlerischen Form, und auch deshalb nicht, weil die Maßgrenzen eines Romanbandes für den ganzen Inhalt eines Menschenlebens, um es zum vollen Miterleben glaubhaft zu machen, bei weitem zu enge sind. Aber der Wahl nur eines Lebens*ausschnitts* ist auch aus anderen Gründen der Vorzug zu geben. Denken wir z. B. an ein junges (natürlich ungewöhnlich schönes und edles) Mädchen. Wir begleiten es logischerweise zunächst bis zu seinem wichtigsten Mädchentag, bis es nämlich aufhört, ein solches zu sein. Und dann weiter bis zum Erblühen seines „Weibtums" und bis zu den Konflikten seiner Liebe einschließlich deren Lösung. Aber weiter nicht gern. Denn von diesem jungen Weib, das wir mit dem oder den „anderen" im Roman zusammen lieben, wollen wir Abschied nehmen mit der Vorstellung, daß es noch jung, schön, begehrenswert sei, wie wir es lieben lernten (und daraus erwächst ja auch unsere starke Anteilnahme, ja Trauer bei seinem vielleicht unglücklichen Ende). — Es ist in der Tat nicht klug vom Dichter getan, wenn wir die süße, in allen Jugendreizen schillernde Evatochter ins gesetzte Alter hinüberseufzen sehen und sie schließlich als behäbige, furchtbar vernünftige Großmama hinter dem Kinderwagen mit Enkeln finden müssen! Nein, die Illusion läßt man sich nun einmal nicht gern zerstören. Und das persönliche Interesse für die Romanheldinnen und -helden, die wir jung kennengelernt, erstirbt, sobald sie uns zum Lieben zu alt werden.

Doch abgesehen vom Lieben — auch der ganze *geistige* Werdegang eines Menschen von den Kinderhöschen bis zur abgeklärten Weisheit des Großpapas mit der Postille bleibt im Roman — und sei er auch ein paar Bände stark — stets etwas für das Gefühl des Lesers Unnatürliches. Wir lesen den Roman in einigen Tagen (viele Leute sogar in einer halben Stunde), und in dieser kurzen Spanne Zeit bekommt der Knabe Stimmwechsel, studiert ungezählte Semester, hat heute noch nichts wie

Lausbubenstreiche im Kopf und redet ein paar Dutzend Seiten später bereits wie ein weißhaariger Jesuit, verfügt — Gott weiß woher — über eine beneidenswerte Welt- und Menschenkenntnis und wird dann von seinen erwachsenen Urenkeln begraben — — für den Leser alles in ein paar Tagen. Das wirkt widernatürlich. Gewiß muß ja ein zeitlicher Betrug solcher Art im Roman immer bleiben, aber je geschickter die Gesamthandlungsdauer bemessen wird, um so weniger augenfällig wird er.

So ergibt sich dem künstlerischen Taktgefühl und, wo es fehlt oder noch in den Kinderschuhen tappt, der vernunftmäßigen Berechnung ganz von selbst die Regel für das Zeitmaß der Handlung: Nicht zu weit und auch nicht zu eng, daß sie atemraubend den Leser nicht zum Luftholen kommen läßt und ihm verwehrt, sich in die logische Entwicklung der Dinge etwas zu vertiefen. —

*

Nach all jenen Gesichtspunkten beginnen wir nun die Handlung aufzubauen.

Dazu gehört in erster Linie ein Quäntchen Gefühl und Verständnis für dramatische Effekte, das sich indes bis zu einem gewissen Grad durch sorgfältige Erwägungen ersetzen läßt. Es kommt nämlich darauf an, die Handlung derart in sich zu steigern, daß sie „spannend" wird. Und das wird sie nur, wenn wir keine Pointe verpudeln; das bedeutet: wenn wir jeden „Effekt", jede den Leser besonders stark packen sollende Wendung im Lauf der Begebenheiten die Neugier reizend vorbereiten und dann im rechten Moment kurz und knapp in die Erscheinung stellen. Je talentvoller ein Autor ist — und je feiner er kalkulieren kann —, um so mehr wird er, sofern es bei einem nicht allzu ergiebigen Vorwurf wünschenswert ist, den Moment des Effekts oder den dramatischen Höhepunkt hinauszuschieben verstehen, ihn mit immer neuen Zwischenfällen vertagend und die Situation zuspitzend. Es ist klar, daß die stärkste Wirkung auf den Leser zuletzt kommen muß. Mit diesem stärksten der Eindrücke soll er das fertig gelesene Buch schließen.

So werden wir denn zunächst die Gesamthandlung in ihre Hauptphasen zerlegen. Diese ergeben sich meist ohne Schwierigkeit logisch von selbst, und wo dies nicht der Fall, dort werden wir einige zeitlich möglichst gleichmäßig voneinander getrennte, auf je einem Handlungsschwerpunkt (Effekt) ruhende Etappen einrichten. Jede Etappe soll mehr oder minder den Vorabend eines Entscheidungstags im Schicksal unserer Personen oder einen solchen selbst und so den Ruhepunkt bilden, von dem die Handlung alsdann, um neue Momente bereichert, einem weiteren Steigerungs- oder Wendepunkt zustrebt. Solche Etappen pflegen mit „Kapiteln" identisch zu sein.

Es gibt Bücher, deren jedes Kapitel ein glücklich gewähltes Steigerungs- und Spannungsmoment enthält, deren Gesamteindruck aber trotzdem eine tiefere Wirkung schuldig bleibt. In diesem Fall hat es der Autor schlecht verstanden, jenen Effekten ihre Wirkung durch Wahrnehmung des rechten Moments zu sichern, indem die schöne Rakete meistens zu früh im Kapitel platzt (oder man zu früh sieht, w i e sie platzen wird) und dann bis zum Kapitelschluß der große Moment durch Auslassungen über seine Konsequenzen, durch Reflexionen oder Erläuterungen sozusagen breitgetreten wird, während die Konsequenzen und anschließenden Gedanken gerade das sind, was nach der Explosion bis auf weiteres der Phantasie des Lesers überlassen bleiben soll; wie es ja auch Menschen gibt, die einen guten Witz gut erzählen, dann aber verpfuschen, indem sie ihn zur Erklärung der Pointe noch einmal wiederholen.

Solches ist natürlich immer ein grober faux-pas. Er kann einen an sich guten Vorwurf trotz aller Erzählungskunst völlig um seine Wirkungen bringen. Und darum soll alles, was zu besonderem Eindruck bestimmt ist, gewissermaßen isoliert am Ende des Vorbereitenden seinen Platz finden, oder sagen wir auf gut Deutsch: am Kapitelschluß. Scheinen uns Kommentare jedoch unerläßlich, so mögen sie im nächsten Abschnitt folgen, wo der Leser an sich mehr geneigt ist, sich wieder dem breiteren Worte hinzugeben und Rückblicke zu nehmen, ehe die Vorbereitung des Neuen einsetzt. Sehr häufig aber tut der Erzähler gerade in dieser Hinsicht des Guten zuviel, indem er in dem Wunsch, recht deutlich zu sein, vieles sagt, was der Leser sich selbst sagen will und kann, und sich sagen muß, wenn die Vorbereitung die künstlerisch richtige war.

Bei jener Einteilung des Stoffes ist es nun von besonderer Bedeutung, das Wichtige vom Nebensächlichen zu scheiden. Und nur das Wichtige soll man zunächst im Auge haben; mit anderen Worten: Man soll die Handlung so, wie man sie kurz mit wenigen Worten skizzieren kann, in die natürlichen Abschnitte ihrer Struktur zerlegen.

Solch ein knappes Skizzieren hat seine mehrfachen Vorzüge. Man wird so des logischen Zusammenhangs des Ganzen weit besser inne, als wenn man es sich immer nur mit dem Brimborium des Beiwerks vergegenwärtigt. Ein treffliches Mittel, sich über das Gefüge der Handlung klar zu werden, ist dies: Man nehme einen guten Freund unter den Arm, gehe mit ihm ins Feld spazieren und erzähle ihm den ganzen Hergang einmal, als hätte man die Geschichte irgendwo gelesen oder erlebt. Hört man sie auf diese Weise laut erzählen, dann wird man der Fehler der Anlage, mangelhafter Übergänge, etwaiger Unwahrscheinlichkeiten und sonstiger Mängel viel eher als bei bloßer Gedankenarbeit gewahr, und der andere, der zuhört, wird auch durch Zwischenfragen, Miene und Bekundung des Interesses am Fortgang unwillkürlich auf manches aufmerksam machen, was nicht klar, nicht glaubhaft, unwirksam oder vielleicht gar von unfreiwilliger Komik ist. Der in seinen Stoff verliebte Dichter ist ja oft genug blind und merkt erst an der Geste des anderen, was ihm selbst nicht bewußt ward. Haben wir aber so den ganzen Hergang erzählt, dann sehen wir auch gleich den Gesamteindruck auf unseren objektiven Premierengast. Er wird sagen: „ganz hübsch", oder „recht interessant", oder „großartig". Wobei immer zu berücksichtigen bleibt, daß ja die volle Wirkung der Sache erst mit der künstlerischen Ausgestaltung eintreten kann und daher manches, was vorläufig „ganz hübsch" ist, als fertiges Werk vielleicht doch noch das Prädikat „großartig" verdienen wird.

Und der andere Vorzug solch eines knappen Erzählens der Handlung: Beim lauten Plaudern darüber fallen einem meist noch eine Menge Details oder gar noch bessere Lösungen ein, die uns beim bloßen Nachdenken verborgen blieben.

Diese Details, die Nebenepisoden, Handlungen der Nebenpersonen, Zwischenakte, kurz die ganze Ausschmückung werden den anderen Teil unseres Aufbauprogramms ausmachen. In ihren Hauptzusammenhängen müssen wir sie ebenfalls klar vor Augen haben. Aber wir sollen und können sie im Kopf vorläufig nicht in der Weise detaillieren, wie wir es mit dem Aufbau der Haupthandlung taten. Denn vieles vermögen wir erst im Verlauf der Niederschrift zu geben; ja vieles wird uns erst dann einfallen, wenn sich bei der Arbeit die Phantasie erwärmt, die

Handelnden Leben gewinnen; wenn das Blut im Ganzen zu kreisen anfängt und sich Momente, Gelegenheiten, Stichworte ergeben, Nebensächliches an das heiße Eisen des Kerns anzuschweißen.

Etwas anders liegt freilich der Fall, wenn wir Zwischenhandlungen oder Personen gleichsam als Parallelen zum Hauptthema einfügen wollen. Dies wollen wir vielleicht, um durch Kontraste das letztere deutlicher in die Erscheinung zu rücken, durch Vergleiche mit Gegensätzlichem in seiner Beweiskraft zu steigern, anziehender oder abstoßender zu machen — je nachdem. In solchem Fall muß natürlicherweise auch diese Nebenhandlung, die dann allerdings ja mehr eine zweite Haupthandlung bildet, beim Aufbau des Ganzen klar und lückenlos festgelegt werden.

Ein Beispiel: Wir möchten die Geschichte einer Aristokratenliebe erzählen. Um stärker hervortreten zu lassen, wie diese Konventionsmenschen mit ihrem Gesellschaftskodex, ihrer Überkultur, ihren Gepflogenheiten, ihrer Moral (oder Unmoral) sich in der Liebe geben, zeichnen wir nebenher ein proletarisches Liebespaar. Hier müssen beide Handlungen in allen Linien parallel bleiben, und darum die eine im Rohbau so fertig wie die andere sein. — Oder wir wollen bestimmte Zustände schildern. Dann tun wir nicht schlecht, auch ein Milieu mit anderen, w i e sie sein sollen, in gewissenhaft konstruierter Parallele mitlaufen zu lassen. Aber da muß ebenfalls e i n e Konstruktion m i t der anderen im Aufbau entworfen sein. Ist dies nicht der Fall, so wird es in der Ausführung später leicht hapern, indem wir entdecken, daß die Parallele zu hinken anfängt und sich so, wie wir es dachten, gar nicht durchführen läßt. Zur Korrektur aber ist es dann meistens zu spät.

Wir haben da gleich einen technischen Kunstgriff kennen gelernt: die Anwendung einer Folie oder Komplimentärfarbe. Er ist stets dankbar, wo es den Inhalt des Werkes im besten Sinn des Wortes zu füllen, einen nicht hinreichend ergiebigen, im übrigen aber glücklichen Stoff anzureichern gilt; ja unerläßlich zu gewissen Darstellungen, deren Witz überhaupt erst aus dem Kontrast oder der Parallele erwächst. (Besonders drastisch: das Vorder- und Hinterhaus in Sudermanns „Ehre".)

Da wir hier gerade ein Beispiel von der Bühne erwähnten: Die Bühne ist, wenn auch in anderem Sinn, ganz allgemein ein guter Studienplatz für die Routine des Handlungsaufbaus. Denn der Dramatiker ist Spezialist für Handlungstechnik. Seine Kunst gipfelt gerade im guten Aufbau, und sein Werk soll in erster Linie Handlung sein. Gehen wir also fleißig ins Theater, so werden wir manches auf dem Gebiet der Handlungskunst lernen können. Wir werden ablauschen, wie man geschickt Effekte vorbereitet, Abschnitte in ihnen gipfeln läßt (Akte = Kapiteln); und wir werden uns dann gewöhnen, unseren Vorwurf im Aufbau gewissermaßen zu dramatisieren, um dann das, was auf der Bühne gehandelt, körperlich, durch Kulissen dargestellt wird, beschreibend und erzählend zu geben. Es ist zwar klar, daß ein Romanvorwurf häufig ganz anders geartet sein wird als der eines Bühnenstückes. Den Vorwurf manches ausgezeichneten Werkes der Erzählungskunst kann man beim besten Willen nicht in die Linien eines Dramas bringen, einesteils, weil im Roman oft beständig das Szenarium wechselt, anderseits aber, weil eben gerade die Kunst des Erzählens, des Erzählens oft ganz undramatischer, an sich zu belangloser, ja in der nackten Handlung mitunter ganz banaler Sujets, die Kunst- und Genußwerte schafft. Der große Künstler zumal bietet uns nicht selten ein prächtiges Romanwerk, dessen

„Handlung", des übrigen entkleidet und im Reporterstil wiedergegeben, dramatisch ein vollkommenes Nichts ist.

Freilich, je geringer die Künstleroriginalität des Erzählers, um so mehr muß die Handlung als solche dramatisch bieten. Ja unser bewußter Kunsthandwerker wird oft genug auf die Handlung allein als Erfolgsmittel angewiesen bleiben.

*

Haben wir das Gerüst unseres Werkes in all seinen Teilen aufgebaut, so schreiten wir zu dem, was bei der Niederschrift zuerst kommt: zur Grundlage, dem Sockel des Ganzen, der Einführung.

Sie hat zwar mit dem übrigen Aufbau und der Handlung nicht unmittelbar zu tun, nur insoweit, als sie die letztere vorbereitet, uns mit ihrem Milieu, mit den Hauptpersonen bekannt macht und in Kontakt bringt mit allem, was Voraussetzungen des Ferneren sind, als: Vorgeschichte, Wünsche und Seelenzustände der später Handelnden, ihre Lebensverhältnisse, Zustände im allgemeinen. Trotzdem kann gerade die Anlage dieses Unterbaus für das ganze Interesse des Lesers verhängnisvoll werden:

wenn er nämlich zu breit, bei der Notwendigkeit des Nur-Erzählens zu weitschweifig gerät. Seine Proportionen zum Ganzen müssen daher sorgfältigst auskalkuliert sein. Sonst gleicht das Werk womöglich einem Türmchen auf riesigem Unterbau. Der Leser aber will nicht lange antichambrieren müssen, bis es „losgeht"; wie der, der sich zur Tafel gesetzt hat, sich nicht mit Bratenduft erst lange den Mund wässrig machen lassen will, sondern bald zu speisen begehrt. Wird der erwartungsvolle Leser erst durch ein Labyrinth von Vorgeschichte geschleppt wie durch alle Säle und Gänge eines Schlosses, in dessen Kemenate unter dem Dach ihn ein Liebchen erwartet, so wird er verdrießlich, und es kann gar passieren, daß er den Schmöker gähnend als „unlesbar" zu den übigen legt.

So hängt denn für den Erfolg des Buches überaus viel davon ab, wie es der Autor versteht, dem Leser gleich auf der ersten Seite einen Strick ans Bein zu binden und ihn willig bis ans Entree seines Kinos zu gängeln. Er muß ihn gewissermaßen wie ein Kind bis zu Beginn der Vorstellung mit kleinen Leckerbissen füttern, damit er nicht die Geduld verliert. In dieser Kunst sind die Meister rar. Jene Romane, die eine lange Einführung aufweisen und dabei dem Leser nicht eine Serie Seufzer entlocken, bis er den trennenden See der Vorgeschichte durchschwommen hat, sind recht selten. Besonders Schriftsteller, darunter klassische, der älteren Schule, aber auch neuere, muten dem armen Leser in dieser Hinsicht ein wenig zuviel zu, und wir nervöse Eiltempomenschen von heute lesen solche Bücher kaum noch, weil wir schier über den Anfang nicht hinwegkommen können.

Der moderne Schriftsteller pflegt es darum anders zu machen. Er geht, wenn irgend möglich, gleich in mediam rem, d. h. er läßt uns sofort mitten in Gegenwartsvorgänge hineinplatzen und bringt uns das, was wir von Vergangenem wissen müssen, gelegentlich en passant in kurzen Notizen, Reminiszenzen der Handelnden bei. Ja es gibt Romane, die gleich mit einem Knalleffekt einsetzen, und wir Modernen, die wir aus der Erfahrung unserer turbulenten Gegenwart an Impromptus des Lebens hinreichend gewöhnt sind, machen uns selbst unseren Vorgeschichtsvers dazu; wir sind gleich im Bild; denn wir wissen ja, wie so etwas im Leben passieren kann. In der Schule der lebensfremderen Älteren dagegen mußte der Praxis immer erst eine pedantische theoretische Belehrung vorangehen. Keine Ohrfeige durfte schallen, ohne daß nicht ihr Werdegang nach a) und b) deduziert und chronisiert war.

Wir von heute machen das besser. Statt mit einer langatmigen Ouverture, setzen wir gleich mit einem Handlungseffekt ein, der eines Einleitungskommentars nicht bedarf. Ja es gibt Autoren, die, um den Leser zu Anfang fest am Kragen zu packen, ihren besten Effekt vorwegnehmen, alsdann hinterher das entwickeln, was logischerweise hätte vorangehen müssen, und nach dieser Motivbelehrung dieselbe, nun vor unseren Augen neugefüllte Rakete noch einmal platzen lassen — ein Trick, den sich ohne Gefahr nur der gewiegte Künstler und technische Meister gestatten darf.

Die Nutzanwendung aus dem Gesagten: Gehe mit der Geduld des Lesers, der dein Buch in dem Vertrauen öffnete, du werdest ihn angenehm unterhalten, mit Vorsicht um wie mit einem rohen Ei! Ist sie hin, dann ist sie hin und schwer oder nicht wieder einzufangen.

Das Milieu

Der Begriff „Milieu" ist etwas dehnbar. Bezeichnet er vorzugsweise die örtliche, kulturelle, soziale Sphäre der Handlung und die Existenzverhältnisse der Handelnden, gewissermaßen also das Netz, in dem die Spinne webt, so charakterisiert er anderseits auch noch etwas, das sich in Worten schwer ausdrücken läßt. Nennen wir es einmal: das Ensemble, wie alle Handlungsmomente und -Faktoren ineinanderspielen und sich miteinander zu einem Gesamtbild verinnerlichen.

Die Zahl der Milieus — in der Hauptbedeutung des Wortes — ist in der Romanwelt unendlich. Ebenso wie auch die wirkliche Welt ungezählte und unzählbare „Milieus" aufweist. In diesem Sinn also kann der Dichter nicht so leicht in Verlegenheit kommen. Er braucht nur hineinzugreifen ins volle Menschenleben, und überall wird's interessant sein.

Ob er freilich für jedes Milieu auch das Interesse einer größeren Leserschar wird erwecken können, bleibt fraglich. Denn einesteils hängt das ganz davon ab, wie er es versteht, den Leser dafür zu erwärmen, andernteils aber gibt es Milieus, die, weil zu „spezial", dem Interessenkreis der Leserwelt zu fern liegen, sich allgemein Interessantes schwer abgewinnen lassen oder geradezu Spezialwissenschaften voraussetzen, die der Leser weder besitzt, noch im Roman zu studieren wünscht.

Nehmen wir beispielsweise an, wir wollten den Roman in der Werkstatt eines Feinmechanikers oder im Laboratorium eines Chemikers spielen lassen. Wir könnten dann nicht umhin, Werkzeuge ungeläufigen Namens oder chemische Weisheiten, dem Leser böhmische Dörfer, mit in die Erscheinung zu führen und mit diesen ein Arbeitsgebiet, das eben nur dem Mechaniker und Chemiker von *Beruf* ganz verständlich und interessant bleiben kann, für den Leser aber um so uninteressanter werden würde, je mehr wir auf das fachmännische Detail eingingen.

Womit nicht gesagt sein soll, daß nicht z. B. ein Industriebetrieb ein dankbares und fesselndes Milieu abgeben kann. Denn in einen solchen, seine Gebrauchsartikel herstellenden Betrieb nimmt der Leser *auch* gern einmal Einblick, sofern er sich in das technische und wissenschaftliche Detail nicht allzusehr zu vertiefen braucht. Wie eine Kanone, eine Stecknadel, ein Kleiderstoff, das Papier entsteht, wie man unsere Kohle, das Erz gewinnt, das wird, in anschaulich-unterhaltsamer, „populärer" Form gegeben, stets Interesse begegnen. Aber — und da kommen wir gleich zur Hauptbedingung der Milieufrage ganz allgemein: der Schriftsteller muß das zu schildernde Milieu kennen. Das kann gar nicht nachdrücklich genug betont werden.

Eine ganz echte, wenn seitens des Lesers auch nicht auf die Echtheit kontrollierbare, und flüssig-lebendige Milieuschilderung kann nur dann gelingen, wenn der Autor selbst in diesem Stoff lebt und webt, als hätte er sein ganzes Leben nichts anderes gesehen. Und dann: Unter den Lesern wird sich der eine oder andere Sachverständige finden, der über das Buch a tempo den Stab brechen wird, sobald er durch die kleinste Lüge in der Milieuwiedergabe dahinterkommt: der Autor fälscht. Seine ganze Erzählung, folgert er dann weiter, wird ebenso zusammengelogen, gefälscht sein, da er ja auch hier Unwahres berichtet. Und die Illusion der Wahrheit will der Leser unter allen Umständen behalten.

Es kann nun ein Schriftsteller unmöglich in allen Milieus der Welt zu Hause sein, also nicht ganz ad libitum ein solches herausgreifen. Er kann entweder nur ein Milieu wählen, das ihm von Haus aus vertraut ist, oder eines, in das er sich durch Studium und Augenschein einleben kann. Mit Vorteil aber wird er sich stets auf ein solches festlegen, das er aus eigener Anschauung kennt, ja das vielleicht sein eigenstes war oder ist. Denn nur hier ist er in allen Sparten so gründlich bewandert, wie er es als Kunstphotograph des Milieus sein muß. Wer das Leben der Gesellschaft zu schildern unternimmt, muß in ihren Salons zu Hause sein; wer seine Personen in den bunten Rock stecken will, muß ihn selber getragen haben; wer das Seemannsleben abzuspiegeln gedenkt, darf keine eingefleischte Landratte sein. Und einen Gutsroman darf keiner schreiben wollen, der zeitlebens nur in einer städtischen Mietskaserne gehockt hat und die Kartoffel nur vom Teller kennt. Ist es anders, dann kommen oft die naivsten Dinge zustande, und der Autor muß sich auf Schritt und Tritt dementieren lassen von denen, die's besser wissen.

Wir haben für die Gewissenhaftigkeit im Milieu ein Meisterbeispiel, das uns zeigt, wie ein Mann der Literatur in den verschiedensten Sätteln gerecht werden kann, ohne von Haus aus den betreffenden Milieus nahegestanden zu haben: das ist Zola.

Schier zu bewundern ist es, wie dieser

Mann heute ganz Spezialist im Hüttenwesen, morgen ganz Eisenbahner oder Warenhausregisseur, übermorgen ganz Bergmann oder Agronom ist, und das alles mit einer derart ins Kleinste gehenden Sachkennerschaft, daß man einen im Dienst ergrauten Veteranen erzählen zu hören meint, ja daß selbst der Fachmann davon noch lernen kann. Dieser Gründlichkeit im Milieu im Verein mit einer seltenen Gabe, selbst das monotone Klappern toter Maschinen noch interessant zu machen, verdankt Zola zum Teil seinen unsterblichen Ruhm. Gewiß, er hat dazu unermüdlich studieren, reisen, in den oft unbequemen Verhältnissen seines Studienmilieus leben müssen; er hat selbst in Fabriken, selbst im Schacht gearbeitet und sich in den Pausen und Feierstunden mit den Menschen seines Milieus „angebiedert". Er hat gearbeitet wie ein Detektiv. Nur so aber konnte er aus Geschautem, Erlebtem seine unübertrefflich echten Wirklichkeitsbilder schaffen.

Andere Schriftsteller pflegen, ehe sie ein Buch von 250 Seiten beginnen, Tausende von Seiten der Fachliteratur durchzubüffeln, um sich ein neues Milieu zu eigen zu machen. Auch das ist ein Weg. Aber doch nur immer der des trockenen Studiums, das kein Erleben und

Schauen ersetzen und nie zu einer so restlosen eigenen Anschauung führen kann, daß man sich nie auf Details aus dem Milieu zu besinnen, nie „nachzuschlagen", nie die Phantasie in die Folter zu spannen brauchte. Immerhin ist jener Weg besser als eine halbe Stunde Lektüre im Konversationslexikon, aus dem so mancher Autor seine ganze Milieuwissenschaft bezieht.

Auch unter unseren Neueren haben wir Meister des Milieus. Und zwar finden wir bei ihnen zahlreich gerade solche Milieus, die mehr oder minder bekannt, „populär" sind und von denen man deshalb nicht denken sollte, daß ihre Wiedergabe ein besonders vertieftes Eindringen bedinge oder gar nur aus persönlich-intimem Erleben heraus geschehen könnte. Gewiß, es wäre möglich, daß zum Beispiel ein Mann, der die Alpen nur von Bildern und aus Beschreibungen kennt, ebenfalls ein leidliches Alpenmilieu zustande brächte. Doch so blühend seine Phantasie auch sein mag — die Unmittelbarkeit der Wirkungen des nur Phantasiegeborenen wird weit hinter jener des Selbsterlebten zurückbleiben; und der Leser hat ein feines Gefühl für den Unterschied zwischen beiden; ganz abgesehen davon, daß gerade die kleinen Züge, wie sie nur das Selbsterlebnis wiederzugeben vermag, es sind, die dem Milieu den Eindruck des ganz Unverfälschten, den Erdgeruch des Realen verleihen. In Büchern ist derlei eben nicht zu finden. Schlechthin unmöglich aber wird die Milieuschilderung mittels Bücherstudiums und Phantasie trotz vielleicht überreich vorhandener Fachliteratur überall dort, wo die Wirklichkeit ihr ganz eigenes, aus aller Theorie herauswachsendes und deshalb nur schaubares Leben hat; beispielsweise beim Milieu einer Schlacht. Unterfängt sich ein Schriftsteller, der in militärischer Hinsicht nichts weiter getan, als in seiner Jugend mit Zinnsoldaten gespielt, späterhin ein paar Paraden gesehen und vielleicht noch als Schlachtenbummler ein Manöver mitgemacht hat, ein Schlachtengemälde zu geben, so wird der Eingeweihte das meiste daran zum Lachen finden, und die Groteske, die unfreiwillige Karikatur im künstlerisch ernsten Gebilde ist fertig. Daß sie das ganze Werk zum Tode verurteilt, ist klar.

Es hat nun aber nicht jeder Schriftsteller Gelegenheit, Neigung, Muße und Geld, um in ein ihm unbekanntes Milieu durch persönliches Verweilen eindringen zu können; und längst nicht jeder besitzt die geistige Beweglichkeit und

Vielseitigkeit, daß er sich für soundso viele verschiedene Milieus nicht nur selbst zu interessieren und zu begeistern, sondern — was wichtiger ist — seine Begeisterung mit dem Werk auch dem Leser zu vermitteln imstande wäre. Und so wird sich der Romanschriftsteller in der Regel auf sein Milieu, das Gesellschafts-, Familienleben, die Heimat beschränken müssen. Besonders auf die letztere, die seinem Herzen nahesteht; die ihn mit jener Wärme des Gefühls erfüllt, die er in seine Leser hineintragen will. Wir nennen diese Dichter gemeinhin „Heimatskünstler".

Und unter ihnen sind nicht unsere Schlechtesten. Klingt zwar seitens der Kritik bei der Bezeichnung „Heimatskünstler" auch zuweilen etwas wie ein Unterton von Geringschätzung ob jener Beschränktheit nach, ja verbinden manche Kritiker mit dem Wort geradezu eine Versetzung in die zweite Klasse des Literatenstandes, so tun sie den Heimatskünstlern damit sehr unrecht. Gewiß läßt sich bei ihnen leicht und mit einer gewissen Berechtigung das Schlagwort von den „Grenzen ihrer Kunst" hinwerfen. Aber solche selbstgezogenen Grenzen pflegen einen künstlerisch gedeihlicheren Boden einzuschließen, als der des Autors ist, der sich als ein Fremdling in fremdes Land begibt und dort keine Heimatsberechtigung findet. Weit klüger, das Kleinere tun, weil man es kann, als das Größere wollen, das man vielleicht oder nur halb kann. In der Erkenntnis der eigenen Fakultäten und ihrer Grenzen liegt schon allein eine gut Stück erfolgreichen Künstlertums; und der Erfolg ist es, den man bei allem Schaffen erstrebt. Entscheidend dafür ist nicht, was man will, sondern kann. Und die Kritik ist kein „Wulst"-, sondern ein „Kunst"-richter. Und deshalb — bleibe im Lande deines Milieus und nähre dich redlich, bist du anders nicht der Vielseitige und Verwandlungskünstler, der wie in verschiedene Anzüge auch in verschiedene Milieus hineinschlüpfen kann, ganz wie er will.

Was solch ein „Heimatskünstler" aus seiner Liebe zur Scholle herausholen kann, sehen wir u. a. an dem Schweizer Ernst Zahn. Gehören nicht seine Werke mit zu dem Verinnerlichsten und Empfundensten, was man in der deutschen Literatur findet? Da sieht man keine „Grenzen der Kunst", gewiß einmal keine, die den Genuß des miterlebenden Lesers hemmen. Da ist alles echt, wahr, tief, packend in seiner schlichten Ehrlichkeit. Und das ist es, was wir im Buch suchen. Höchst wahrscheinlich würde uns Zahn auch mit einem anderen Milieu als dem seiner Schweizer Berge, das er wie ein Zola studieren würde, ein gutes Buch schenken können. Aber er tut es nicht. Er kennt selbst die Wurzeln seiner Kraft zu genau. —

Man möge nun diesen Abschnitt nicht etwa als eine „Erziehung zum Heimatskünstler" oder eine Propaganda für die Beschränkung verstehen! Nein, es soll damit dem Schaffenden nur eine gewisse Wahrscheinlichkeitsrechnung für den Erfolg an die Hand gegeben werden, dem Anfänger zumal, der gerade mit seinem ersten Buch den Weg ins Publikum finden möchte. Er beginne mit dem, was die meisten Chancen des Erfolges auf seine Seite bringt.

Im übrigen magst du in der Wahl deiner Milieus so vielseitig werden, wie du kannst. Nur vermeide das eine: Hast du dich in ein neues, vielleicht gar ungewöhnliches Milieu eingearbeitet, so wolle dem Leser nicht zeigen, wie großartig d u in allem Bescheid weißt! Solch ein Protzen und Renommieren mit Kenntnissen, das meist auch viel zu tief ins Detail führen würde, erreicht nicht den Zweck: das Interesse des Lesers für das Milieu zu erwärmen; vielmehr will der Leser gewissermaßen nur eine Anthologie, einen großzügigen Extrakt des für das Milieu Charakteristischen in deinem Werk finden, das trotzdem mit den nötigen kleinen Zügen in künstlerischer Verwendung bereichert sein mag.

Neben dem Hauptmilieu als dem eigentlichen Boden des Ganzen gibt es weiterhin in jedem Roman noch eine Anzahl Einzelmilieus. Hier ist es eine Wohnstube, dort ein Arbeiterhaus, ein Gesellschaftssalon mit seinen Menschen, ein Städtchen, ein Schiff, eine Werkstatt und dergl., mit einem Wort: ein Milieu, nach dem sich vorübergehend ein S t ü c k der Handlung abzweigt.

Zola, der große Milieuchampion, schildert in einem seiner Romane einmal eine Küche. Wir sehen da den Herd, die blitzenden Kasserollen, die Tellerbänke, das Geschirr und die alten fettigen Möbel mit einer solchen Anschaulichkeit, daß eine Photographie uns das Gesamtbild kaum besser vermitteln könnte. Eine Küche aber ist kein Milieu von einem solchen Allgemeininteresse und solcher Unbekanntheit, daß wir ihm ganze Seiten widmen dürften (und die meisten dieser Zwischenmilieus sind mehr oder minder alltäglich). Nicht angebracht also ist hier die zu große Breite, der gerade Zola freilich nicht selten verfällt. Hier zeigt sich wie nirgends der Meister in der Beschränkung. Kurze, zielbewußte Skizzenstriche und Pinselhiebe wie die eines modernen Reklamezeichners, prägnante, hinsichtlich der Charakteristik auf das subtilste ausgesuchte Worte — damit sollen wir in wenigen Sätzen das Gewollte geben. Das ist freilich nicht immer so einfach. Die Kürze erfordert mehr Kopfzerbrechen, Arbeit und Routine als die redselige Breite. „Entschuldige," schrieb einmal jemand an seinen Freund, „daß mein Brief so lang ausgefallen ist, aber ich hatte keine Zeit, mich kürzer zu fassen."

Mit Fleiß und Übung kann man indes gerade hier bei einigem Instinkt für das Wirksame viel erreichen. Die Prägnanz braucht und soll sich nicht in abgehackten Sätzen und Wendungen von gesuchter Knappheit, also nicht äußerlich dokumentieren; nur inhaltlich in der Wahl des typischen Wortes und Details, im treffsicheren Hinwerfen einiger heller Lichter und Schlagschatten zur plastischen Wirkung. Und die Knappheit darf um so ausgesprochener sein, je mehr das Milieu als solches beim Leser als bekannt vorauszusetzen ist. Ist es ihm voraussichtlich fremd, so wird die Forderung der Anschaulichkeit eine zu große Knappheit der Darstellung nicht gestatten.

Endlich haben wir nun noch jenes im Anfang dieses Abschnitts erwähnte Milieu, das wir dort „das Ensemble des Zusammenspiels" nannten.

Denken wir z. B. an die Schilderung einer Familienszene. Es wird sich da, unabhängig vom Umgebungsmilieu, noch etwas ergeben, was man gemeinhin ebenfalls mit „Milieu" bezeichnet. „Das Milieu ist gut", sagt man oft, ohne damit etwas anderes zu meinen als die Art, wie die Handelnden menschlich-wahr und natürlich-echt miteinander sprechen, sich zueinander stellen.

Für dieses Milieu, dessen Güte in erster Linie und fast allein von der Kunst des Dichters bestimmt wird, läßt sich keinerlei Richtlinie geben; allenfalls die eine, für die ganze Milieufrage gültige: Schaffe nur aus Empfundenem heraus; vermeide alles Künsteln und künstlich Wirkende; laß dein Vorbild immer und überall das wirkliche Leben sein und die Phantasie nur in seinem Rahmen spinnen. Objektive Gehirnarbeit kann solch ein „Milieu" allein nicht schaffen; überall mußt du als Subjekt dazwischenstehen, mit Geist und Herz. Denn in allen anderen sollst du immer nur d i c h geben. Du trittst in deinem Werk in soundso vielen verschiedenen Rollen auf. Aus deiner Wahrhaftigkeit zu dir selbst aber erwächst das „gute Milieu".

Die Charakteristik

Es liegt auf der Hand, daß vor Beginn der Arbeit ebenso wie die Handlung und das Milieu auch die Charaktere der Handelnden in ihrer Grundlinie bei uns feststehen müssen. Sind es neben den Zufälligkeiten des Lebens letzten Endes doch sie, aus deren Tendenz und gegenseitiger Reibung Handlungen und Wandlungen und somit das ganze „Schicksal" unserer Menschen resultieren!

Die Charakteristik umfaßt aber nicht nur die Charaktere an sich, sondern auch die charakteristischen Züge, mit denen wir unsere Figuren zu bestimmten Exemplaren der Spezies Mensch stempeln. Sie malt und zeigt also den einzelnen sowohl als inneren Menschen wie äußerlich in der individuellen Eigenart seiner Rede, seiner Gewohnheiten, seines Gebahrens, seiner Schwächen und Tugenden, seiner Schrullen; wie er geht, wie er aussieht, „wie er sich räuspert und wie er spuckt".

Einen Charakter folgerichtig durchzuführen, ist schwer und mißrät nicht selten dem Tüchtigsten. Und das hat seinen einfachen Grund: man pflegt ihn nach einem Modell der Wirklichkeit zu entwerfen, das man aus Worten und Handlungen als einen Charakter bestimmter Art erkannt zu haben und deshalb nachschildern zu können meint. Aber — kein Mensch kennt den anderen. Aus Handlungen und Worten reproduzierte Charakterbilder sind allzu oft Trugschlüsse. Und so kommt es, daß sich der Dichter auch in der Wiedergabe so leicht verzeichnet.

Immerhin gibt es bestimmte Arten von Charakteren, die so elementar und wenig kompliziert sind, daß sie eine typische Klasse darstellen und deshalb vom halbwegs gewiegten Menschenkenner nicht nur auf den ersten Blick als ebendie angesprochen werden, sondern auch ebenso unschwer rekonstruiert werden können. Es sind das jene landläufigen „bösen" Charaktere, die nur das Böse wollen, und die „guten", deren Tendenz das Gute aus angeborener Gegnerschaft gegen alles Sündhafte, deren Grundmotiv Menschenliebe, Gerechtigkeit ist.

Einen nur-bösen und einen nur-guten Charakter in Reinkultur also würde man nur mit geringer Wahrscheinlichkeit „umwerfen". Aber zufälligerweise sind die meisten Charaktere Mischungen zu ganz verschiedenen Teilen aus beidem. Und da kommt die Schwierigkeit.

Im Dichtwerk nämlich werden wir jene elementaren Charaktere selten mit Vorteil verwenden können. Sie sind zu platt, zu vulgär, zu einseitig-ennuyant, zu folgerichtig in all ihrem Tun und lassen sich deshalb keine Konflikte, keine Komplikationen mit einem Instinkt der Moral, nicht das bunte, spannende Spiel einer Romanwelt abgewinnen. Eine leuchtende Tugendrose als Madonna mit dem Lilienstengel ist ebenso langweilig und künstlerisch steril wie ein sich grundsätzlich nicht verleugnender Bösewicht. Das Fesselnde am Weib ist die Eva, der Adam am Mann.

So kommen wir denn zunächst zu dem einen Schluß: daß ein guter und ein böser Charakter im oben angedeuteten abstrakten Sinn den Leser nur dann noch interessieren wird, wenn er nach Handlungen und Worten ein ganz anderer scheint und wir nie recht wissen, was wir von ihm zu halten und an Überraschungen zu gewärtigen haben — mit anderen Worten: wenn er ein Komödiant ist; und dann zu dem anderen: daß wir in erster Linie solche Charaktere für unser Werk wählen werden, die sich mehr dem gemischten Typ des Janus mit den zwei Gesichtern nähern. Sie sind die natürlichsten, vom Leser am ersten als verwandt angesprochenen, und in allen Schattierungen der Kompliziertheit zu finden. Darum sind sie die technischen Lieferanten unseres Möglichkeitenbedarfs für das Spiel einer Romanwelt.

Es bleibt ganz der Kunst, der logischen Kapazität und Menschenkenntnis des einzelnen anheim, solch einen Charakter „richtig" durchzuführen. Das bedeutet: in der Reihenfolge seiner Entschlüsse und Handlungen nichts aufkommen zu lassen, was nach der bisherigen Erfahrung mit diesem Individuum nicht glaubhaft wäre. Besonders gegen das Ende des Werkes hin, wo aus allem Tun und Lassen die Bilanz in Gestalt der letzten Schicksale gezogen wird, muß der Charakter sich unbedingt treu bleiben und darf uns nicht durch etwas überraschen, was uns nach seinem bisherigen Bild vor den Kopf stößt. Es kann ein Charakter in einer bestimmten Stunde wohl schwanken, zu guter Letzt aber — wenn auch in Variationen — nur „das" tun. Sonst ist er eben keiner, sondern ein Irrwisch, ein Rohr im Wind, das unsympathisch wirkt, selbst wenn wir es als solches absichtlich gezeichnet hätten.

Aber was ist denn nun immer das Logische, Richtige? Wie trifft man es?

Das verrät keine Regel, kein philosophisches Lehrbuch. Das bleibt allein das Amtsgeheimnis des Dichters: seine Kunst.

Viele Dichter besitzen sie, diese Kunst. Ihre Seele ist so voll Fluidum, ihr Naturell so universal, daß sie sich vom eigenen Charakter gänzlich ablösen und sich mit ihrer durch Welt- und Menschenkenntnis gesättigten Phantasie gleichsam in andere Individuen metamorphosieren und diese dichterisch in frappanter Ähnlichkeit zurückspiegeln können. Sie sind Seelenschwarzkünstler. Und ihre Wissenschaft ist eine okkulte.

Warum wir so ausführlich von dieser Charakterfrage gesprochen haben? — Nun, um darzutun, ob nicht der durchschnittliche Dichter — sit venia verbo — wohl am besten tun wird, sich bei der Anlage eines Charakters möglichst nahe dem eigenen zu halten. Er darf dann einigermaßen sicher sein, daß auch der Mensch seines Romans ein „richtiggehender" Charakter wird. Auch Gott hat ja nach seinem Bilde geschaffen. Zwar heißt es, man kenne seinen eigenen Charakter selber am schlechtesten. Nun, ist dem so, dann macht es nichts aus. Man wird den rechten Weg auch im Dunkeln finden. Man schlüpfe nur in den Romanmenschen hinein, lasse ihn in jedem Fall so handeln, wie man selbst handeln würde, und er w i r d ein Charakter. Vorausgesetzt nämlich, daß man selbst einer ist, und sei's nur ein schlechter. Ist man aber auch nur so ein Halbmensch, ein Rohr im Wind, dann wird man freilich immer nur homunculi, nie Menschen mit Anwartschaft auf Sympathie und Interesse zeugen. So mancher Schriftsteller grübelt verzweifelt über die Ursache seines Mißerfolges: hier ist sie.

Aber — wirst du nun sagen — ich kann doch unmöglich all meinen Romanmenschen meinen Charakter geben! Das würde ja eine schrecklich monotone Geschichte, und wie sollten Konflikte entstehen, wenn sie alle dasselbe dächten und täten?!

Ganz richtig. Bloß vergissest du eins: du hast Gutes, sehr viel Gutes in dir — bist du nicht Gottes Ebenbild? — und auch Schlechtes, recht viel Schlechtes und Niedriges, wie all deine Brüder in Adam und Apoll, denn aus Gemeinem ist der Mensch gemacht (auch in diesem Sinn), und Goethe sagt, er könne sich keine Schandtat denken, deren er gegebenenfalls nicht auch fähig wäre. Also: Dein Charakter, so ausgesprochen er an sich auch sein mag, enthält der Mischungselemente genug, um dir in der Charakterzeichnung Spielraum zum

Differenzieren zu lassen und dir anscheinend recht verschiedene Charakterschöpfungen zu ermöglichen, wiewohl du doch immer nur aus dem einen, eigenen schöpfst. Im übrigen färben ja auch schon die verschiedenen Lebens- und sozialen Verhältnisse anscheinend gleiche Charaktere ganz unterschiedlich. Der Biedermann-Aristokrat ist eine ganz andere Erscheinung als der Biedermann-Prolet; der über Leichen gehende Millionär ein ganz anderes Wesen als der über Leichen gehende Gewaltmensch. In einem Charakter, sofern er nicht gerade der eines ganz starren Prinzipienpedanten oder eisernen Herrenmenschen ist, vibrieren so viel Varianten wie in einer Melodie, schlummert so viel Modulationsfähigkeit je nach Lebenslage und Augenblickssituation, daß man wirklich mit der Nase auf den Glauben an die Seelenwanderung gestoßen wird. Und darum mag der Dichter beim Modellieren seiner Charaktere in der Hauptsache getrost aus dem Spiegel arbeiten — es werden dennoch lauter verschiedene Menschen. Und es wird ihm doch auch nicht so gänzlich an der Kunst der Charakterbildung gebrechen, daß er nicht auch neue, harmonische Züge mit einzuzeichnen wüßte! Wie an einem Gesicht eine leise Verzerrung eines seiner Teile, so zeitigt ein neuer Zug an einem Charakter oft ein ganz neues Bild. —

Noch ein kleines „Geheimnis" zur Charakterzeichnung: du mußt deine Menschen lieben. Brauchst für deine Kanaille Franz nicht gerade zu schwärmen, aber ein wohlmeinender Gönner mußt du ihm sein. Wie Gustav Freytag sagt: Man soll alle Menschen seines Dichtwerks, selbst die räudigsten Schafe und verschrobensten Heiligen, erst mal an sein Herz gedrückt haben. Denn macht man es nach Art jener Bauern, die da nach einer Vorstellung der „Räuber" in ihrer Dorfschänke dem armen Franz Moor auflauerten und ihn für seine Niedertracht durchprügelten, so klebt dem Helden auf seinem ganzen Wege dein eigener Geifer an. Ein mit Gehässigkeit und Vorurteil von dir gebrandmarkter Charakter muß künstlerisch immer ein subjektiver Krüppel werden. —

Was nun die Kompliziertheit der Charaktere betrifft, so ist dies der Punkt, wo sich der Dichter, der größte Könner sogar, seine Grenzen zu ziehen hat. Je komplizierter ein Charakter, um so unklarer und meist auch unnatürlicher wird sich das Bild dieses Menschen, um so weniger nachfühlbar dieses Stück Menschtum und Schicksal geben. Die ganze

Handlung und mit ihr das ganze Werk wird leiden unter der Atmosphäre des Unberechenbaren, Seelisch-Zwitterhaften und Nervös-Irrlichtelierenden, die dieser Mensch mit seiner diffizilen Charakterstruktur um sich verbreitet. Im Leben mag es ja solch problematische Ibsengeschöpfe geben. Insbesondere das Genie zeigt dieses Charakterbild oft. Und wenn es nun auch trotz Lombroso nicht gerade dem Irrsinn verwandt zu sein braucht, so ist der Geniale doch gewiß ein „Übermensch", d. h. eine Abnormität, und bestenfalls der hochgeniale Dichter wird mit solch einem Halbgott in Menschengestalt fertig werden. Dem Leser aber wird er auch dann meist ein Kauz und Rätselmensch bleiben, ihm als ein Artfremder so leicht nicht ans Herz wachsen. Indessen erheben derartige Charakterphänomene im Roman meist nicht einmal Anspruch auf genialische Würdigung. Und dann wirken sie erst recht unerfreulich, geradezu als verschrobene, bizarre, übergeschnappte Kreaturen, bei denen eine Schraube locker zu sein scheint.

Hierher gehört die berühmte und berüchtigte „unverstandene Frau", die ihr Erzeuger in der Regel selbst nicht versteht. Ferner alle jene „Übersinnlichen"; hysterische Mädchen, Frauen und Männer; Perverse und erblich Belastete, die auf den Leser mit gesunden Nerven geradezu abstoßend wirken; und endlich die ganze Sippe der von irgendwelchen Ideen besessenen, mit dem realen Leben ewig im Zwiespalt liegenden Menschenkinder, die nicht Fisch noch Fleisch sind.

Wie gesagt: Solche gordische Charakterknoten entwirren zu wollen, bleibt ein meist unglückliches Unterfangen. Unendlich schwierig, wo nicht unmöglich in der Lösung, und steril hinsichtlich des Interesses des Lesers, der nicht vor psychologische Schachaufgaben gesetzt, sondern mitspüren können und angenehm unterhalten sein will. Verheddere dich also nicht in ein Charakterproblem, sondern bleibe im Bereich des Menschlich-Erfaßbaren, im Horizont einer normalen Erdenwelt, allwo die Bäume im Frühling nicht blaue, sondern schön grüne Blätter treiben.

*

Von ganz anderen Gesichtspunkten aus dürfen wir die Charakteristik im übrigen, die mehr äußerliche Präzisierung eines Individuums betrachten.

Geringer sind hier schon die Wahrscheinlichkeiten des Fehlers. Es wird kein Schriftsteller einem finsteren Menschen die Äußerlichkeitssymptome eines Bruders Lustig, keinem solchen die Züge eines Duckmäusers geben. Hier ergibt sich eben das Richtige von selbst, und es darf das Vorbild des Lebens unbedenklicher nachgeahmt werden, wenn freilich auch ein nicht glücklich gewählter äußerer Zug ein im übrigen vielleicht nicht ganz markantes Charakterbild gefährden oder desavouieren kann. Und es gilt hier dasselbe, was wir von der Zeichnung des „kleinen" Milieus gesagt haben: kurze, treffende Streiflichter, eine einzige originelle Note können einen Romanmenschen in seiner ganzen nackten Menschlichkeit offenbaren.

Der Beobachter des Lebens wird da leicht eine Unmenge kleiner Züge zusammentragen, die entweder für eine bestimmte Charakterspezies typisch sind oder cum grano salis auf j e d e s Menschenkind passen. Und es bleibt hier auch wieder vorwiegend dem Talent des Autors anheim, seine Menschen so zu zeichnen, daß der Leser sagen kann: „Die sieht man ordentlich."

Weniger wird er das durch die besonders früher obligatorische Personalbeschreibung à la Steckbrief und Reisepaß erreichen. Solche

Photographien bleiben bei aller Detailgenauigkeit immer blaß und wesenlos. Einen Menschen, der, wie wir versichern, braunes Haar, eine hohe Stirn, stechende Augen, eine dünne Nase, schmale Lippen und das Kinn „gewöhnlich" hat, können wir uns deshalb noch längst nicht als einen ganz individuellen vorstellen. Von dieser Sorte gibt's Dutzende.

Es müssen daher mehr die Züge der Bewegung helfen; die kleinen Angewohnheiten und Originalitäten, wie sie immer nur einer für sich hat und wie sie sogar ein Zwillingspaar unterscheiden. Der eine pflegt beim Sprechen ein Auge zuzukneifen, der andere hat eine Warze an der Nase, der dritte muß immer mit etwas spielen, der vierte ist ein Phlegmatikus, der fünfte ein nervöser Zappelphilipp, der sechste zupft sich gern am Bart, der siebente hat gewisse Absonderlichkeiten des Anzugs usf. Das alles sind Einzelzüge, mit denen wir einschließlich der äußeren Erscheinung einen Menschen im Leben sehen, also auch im Roman wiedergeben müssen. Und auch in seiner Rede hat jeder Mensch Eigenheiten. Der eine führt immer eine bestimmte Phrase im Mund; ein anderer salbadert wie ein Priester oder schnoddert wie ein Gamin; wieder ein anderer spricht seine Sätze nicht fertig oder sagt alles in drolliger oder sarkastischer Form; dieser redet, wie ihm der Schnabel gewachsen ist, jener wie ein Sprachpädagoge; dieser hat eine spitze Zunge, jener eine jovial-gemütliche Art, seine Gedanken zu äußern.

Dankbar sind solche Züge, die ein wenig den maliziösen Beobachter verraten, immer. Wie denn überhaupt in jedem Roman gerade die kleinen Schwächen und Unarten es sind, die, äußerlich in Geste, Rede und Gebahren persifliert, einen Menschen besonders typisch und lebenswahr herausheben. Auch eine nur auf das Humoristische ausgespielte Figur wirkt zwischen den anderen erfrischend und macht dem Leser Spaß. Selbst wenn diese Figur im ganzen Buch vielleicht immer nur die gleiche Bemerkung an passender oder unpassender Stelle macht. Ferner sind dankbare Züge die Liebhabereien des einzelnen, oft etwas ausgefallener Art und gerade dann von wirksamer, differenzierender Charakteristik für das betreffende Exemplar Mensch.

Dürfen nun zwar solche Züge beim einzelnen nicht überhandnehmen, so braucht man mit ihnen doch nicht zu sparen. Denn sie vor allem sind die verschiedenen Grundfarben, mit denen wir unsere Handlungsfiguren markieren wie die Bälle eines Spiels oder die Jockeys einer Rennbahn. Wir werden uns ihrer um so ausgiebiger bedienen müssen, je weniger sich unsere Gestalten von Haus aus unterscheiden, z. B. wenn es alle Soldaten oder sämtlich Angehörige eines äußerlich gleichmachenden Milieus wie das einer Fabrikarbeiterschar sind. Je nach Umständen, d. h. da, wo mangels hinreichender Milieuverschiedenheiten eine verschärfte Individualisierung zwecks Erzeugung augenfälliger Personalunterschiede vonnöten ist, werden wir die Einzelzüge auch etwas zu unterstreichen, zu vergröbern, ja selbst drastisch der Überzeichnung zu nähern haben. Im allgemeinen vermag die Darstellung in der Belletristik wie auf der Bühne ohne eine gewisse Geste der Übertreibung nicht auszukommen. Die subtilen Unterschiede der Wirklichkeit langen nicht aus, wo man mit Unterschieden Effekte erstrebt. Aber da heißt es sich auch wieder hüten, daß nicht eine Karikatur entstehe! Der mit zu vielen und zu scharf unterstrichenen Zügen versehene Spaßmacher wird leicht zum Hanswurst, der in gleicher Art behandelte „gute Kerl" leicht ein Trottel, und der Ernste, alles tragisch Nehmende leicht ein Mensch, der uns mit seiner schweren Lebensauffassung schier erdrückt.

So bildet denn die Charakteristik, die dem Schriftsteller hinsichtlich der Darstellung seiner Menschen die geringsten Schwierigkeiten entgegensetzt, ein besonders wertvolles Hilfsmittel für das Gelingen des Werkes, sofern man ihr nur die nötige Liebe und Aufmerksamkeit schenkt. Ein Werk mit feiner Charakteristik wird manchen anderen Mangel vergessen machen, einen solchen in der eigentlichen Charakterbildung vielleicht ganz kaschieren und das Werk als solches stets loben. Eine wirkliche Schwierigkeit der Charakteristik erwächst eigentlich nur dann, wenn individuelle, immer dem Gesamtbild konform bleibende Züge sich infolge der zu komplizierten Charakterstruktur eines Menschen nicht finden lassen. Hier liegt also der Knüppel beim Hund. Und wir haben einen Beweis mehr dafür, wie jene Problemcharaktere im Roman eine Sysiphusarbeit sind. Wir können sie durch eine Nebencharakteristik meist nicht nur nicht verständlicher machen, sondern wir kommen mit dieser selbst ins Dilemma, indem kein aus dem Leben gegriffener Zug zu diesen lebenskonträren Wesen passen will. Sie sind eben das, was in der modernen

Malerei die gemalten Kubisten- und Futuristenmenschen: Konglomerate aus menschlichen Attributen, im ganzen aber keine glaubhaften Menschen mit sichtbaren Zügen. Und darum — cavete!

Realismus

Wahrheit und Dichtung

Was ist um den Realismus geschrieen und geschrieben worden! Zu was hat ihn die Polemik alles gestempelt, ihn, der doch nichts ist als das Grundelement allen Dichtens, und das künstlerisch verschönte Ziel allen Dichtens!

Realismus — was heißt das? Wirklichkeitspflege. Also das, was das oberste Gebiet aller Kunst, nicht zum wenigsten der des belletristischen Schriftstellers ist.

Aber wie kommt es, daß vor Jahren der Realismus geradezu neu entdeckt werden mußte? Wie faßte man vordem die Aufgabe des Dichters auf? Sollte er nur „dichten", nur phantasieren? Unwahr sein?

Das nicht. Die Werke der Zeit vor der „Entdeckung" des Realismus legen Zeugnis ab, daß man auch damals das Leben spiegelte. Aber man tat es mit einer gewissen schämigen Prüderie, einer Art Gêne vor dem Bekenntnis der natürlichen Nacktheit der Dinge. Wie man vor Zeiten einmal den Tischbeinen Hosen anzog, um „keine Beine" sehen zu lassen, so umkleidete man alle Wahrheiten, sobald sie etwas ästhetisch nicht Salonfähiges oder sonstwie nicht „Schönes" hatten, mit allerlei poetischem Flitter und einem künstlichen Bravheitsdunst, der „verklären" sollte. Jede Art Nudität war als anstößig verpönt. Man gab die Wahrheit grundsätzlich nur in Züchten drapiert.

Daraus entstand viel Kraftloses, Sentimentales, viel Phrasenhaftigkeit und letzten Endes viel Lüge. Und das konnte der auf den Grund der Dinge gehende, im erschwerten Daseinskampf materieller und poesieärmer werdende neuere Geist nicht mehr ertragen. Er hatte die Bravheit satt, und auch die optimistische Großmuttertoleranz, die im Schmutzhaufen noch einen „anmutigen Hügel" sah und selbst den Schelm im Dichtwerk noch zu einem Herzchen machte.

Also das mußte anders werden. Und da erfand einer den Realismus. Die einen sagen, es sei Flaubert gewesen, die anderen, Zola. Und die Welt war außer Rand und Band, als sie sah, wie sie in ihrer Nacktheit doch — nackt war. Und schmutzig. Sie war einfach beleidigt, durch den, der's ihr zeigte. Nur die Zyniker freuten sich.

Daraus entstand der erste Krieg gegen den Realismus en bloc. Die Vernünftigeren aber befehdeten nur sein rabiates Gebahren, das Pietätlos-Dreiste, das er in seinen Flegeljahren noch an sich hatte, und mit ihm seine dilettantischen Jünger, die nun glaubten, mit einer so recht brutalen Photographie des Animalischen und einer schamlosen Orgie des Schmutzwühlens ein Dichtwerk von unvergleichlichem Realismus geschaffen zu haben.

Heute hat sich die Frage abgeklärt. Es kam zwischen Dichter und Realismus ein Präliminarfrieden zustande, in dem ein jeder sein Gebiet zugewiesen erhielt und beiden eine Entente zu gedeihlichem Zusammenwirken empfohlen wurde.

Mit anderen Worten: Realismus muß sein. Aber er darf nur in der künstlerisch kultivierten Wahrheitsliebe, nicht in wollüstigem Schwelgen im Gemeinen und Niederen triumphieren wollen. Wie die animalische Seite des Lebens aussieht und der Kot in der Gosse riecht, das weiß jeder selbst und wendet sich diskret davon ab. Die große Natur, schamhaft wie eine keusche Jungfrau, verhüllt jeden häßlichen Dreckhaufen mit einer grünen Gras- und lieblich blühenden Unkrautdecke. Und ganz so soll es der Dichter machen: er soll die unschönen Nuditäten des Lebens mit den Blüten der Kunst verschönen, ohne sie wegzuleugnen; soll das in der Nacktheit Widerwärtige ästhetisch genießbar und genußhaft machen.

Wer hierin etwa ein starres Prinzip erblicken will, der versteht es falsch. Es kann Fälle geben, wo der Dichter mit unbarmherziger Energie den Mantel von einer Sache herunterreißt und die nackte Wahrheit ans Licht zerrt. Nur soll man ihm dabei nichts von einer Wollust des Entblößens anmerken; seinen Schmerz müssen wir fühlen. Und hier ist es des Dichters, der „edelste" Schmerz, der das Gemeine adelt.

Wollen wir also die Frage des Realismus in eine allgemeine Kunstregel fassen, so könnten wir etwa so sagen:

Realismus, selbst in starker Dosis, ist überall statthaft, wo er nicht lediglich um seiner selbst willen auftritt, sondern einem darstellerisch-künstlerischen Zweck dient und sich in der ethischen Formung des Künstlerischen gibt.

Demnach wird jeder realistische Fanatismus, wie ihn die laienhaften Jünger der Schule des Realismus zeigten und predigten, über die statthaften Grenzen hinausgehen. Alles Krasse hört auf, Kunst zu sein, oder aber es sei der Künstler ein solcher, daß er den Eindruck des Krassen mit den Schönheiten seiner Kunst kompensieren kann.

Von hier bis zum Konflikt zwischen

Wahrheit und Dichtung im Schaffenden ist nur ein Schritt. Gemeinhin verstehen wir in ihm nur die Frage, bis zu welchem Grad der Genauigkeit wir Begebenheiten und vor allem Personen der Wirklichkeit im Roman abkonterfeien dürfen. Und diese Frage ist schon unzählige Male erörtert worden gelegentlich der meist mehr oder minder sensationellen „Schlüsselromane". Handelt es sich um ein Werk, das als Schlüsselroman auftritt oder sich als solcher entpuppt, so darf sein Autor sicher sein, daß man seitens der Kritik wie auch des Publikums in künstlerischer Hinsicht wenig gute Haare an ihm lassen wird — weil nämlich offenbar ist, daß er hier den Realismus nur um seiner selbst willen brachte. Das künstlerische Moment war ihm nicht die Hauptsache.

Aber es mag nun auch Schlüsselromane geben, deren Natur als solche im Dunkeln bleibt, vielleicht weil die „Gebrandmarkten" so schlau waren, den Mund zu halten. Und einen solchen Roman akzeptiert der ahnungslose Leser vielleicht auch künstlerisch. Woraus sich scheinbar ergibt, daß ein und dasselbe Werk künstlerisch minderwertig und künstlerisch annehmbar zu gleicher Zeit sein könnte, je nach Wissen oder Nichtwissen des Lesers. Aber dies kann nur für ein Publikum mit künstlerisch bescheidenen Ansprüchen oder geringem Feingefühl gelten. Im allgemeinen wird beim Schlüsselroman das zu Subjektive der Darstellung die künstlerische Objektivität mehr oder minder stets unterdrücken. Wer als Mensch nicht sine ira et studio über seinem Stoff steht, wird seinen Realismus nie „literarisch" geben können. Nur wo wir dem abzuschildernden Menschen ganz unparteiisch gegenüberstehen, darf er uns zu einer Romanfigur Modell stehen. Und dann mag das Konterfei getrost auch ein ziemlich genaues werden. Gewisse Modulationen ergeben sich notwendigerweise schon von selbst bei seiner Anpassung an das übrige Gebilde des Werkes.

Was hier von Personen gilt, gilt ähnlich auch von Begebenheiten. Irgendein sensationelles Faktum, das wir aus der Zeitung kennen, in einem Roman wiederzufinden, erfreut den Leser selten und nimmt dem Werk von vornherein viel vom Nimbus des Künstlerischen. Bleibt uns aber jenes Faktum nur die Grundidee, gleichsam das Symbol unserer Romanhandlung, alsdann wird das so gewandelte Wirklichkeitsvorbild künstlerischen Bedenken kaum noch begegnen.

Gerade der Anfänger verfällt in seiner Hilflosigkeit und in seinem naiven Bemühen, ja recht lebenswahr zu bleiben, allzu leicht dem Fehler einer zu großen Anlehnung an ihm bekannte, zum Modell geeignet erscheinende Personen und Vorgänge, wiewohl er vielleicht sehr gut das Zeug hätte, künstlerisch zu selektieren und differenzieren. Und so kommt wohl mitunter ein ganz ungewollter Schlüsselroman heraus, der ihm dann statt künstlerischer Lorbeeren zu seinem Schrecken nur Ärger und Katzenköpfe einbringt, vielleicht sogar einen Beleidigungsprozeß, und ihm das ganze Geschäft für immer verekelt.

So heißt es denn also: die Wirklichkeit mit der Dichtung sich im Kopf erst künstlerisch vertragen und die erstere sich abklären zu lassen, zu warten, bis sie sich gleichsam in unserem Geist verpuppt und unser künstlerisches Wollen die Puppe in sein Gewebe eingesponnen hat. Alsdann wird die Wärme des Schaffensdranges einen reifen und hübschen Schmetterling ans Licht der Sonne locken, ein Werk hervorbringen, das sich, wie er, über der Erde des Lebens wiegt und schwingt und auf Blüten verweilt.

Der Stil

Er ist von allem Persönlichen des Autors an seinem Werk das Allerpersönlichste. Er ist, was an der Ware der Stempel, an der Flasche das Etikett (des Weines, der darin sein soll).

Strenggenommen verstehen wir unter „Stil" nur die Diktion, d. h. die persönliche Art des Autors, sich auszudrücken; also seinen „Jargon", die Wahl des Wortes, die Färbung der Redeweise, den Satzbau, die Interpunktionen.

Aber der Stil schließt doch noch einiges mehr in sich. Er bedeutet auch die persönliche Eigenart, die Menschen und Dinge des Lebens zu sehen und aufzufassen, gleichsam also die Brille, durch die der Dichter aus seiner Seele heraus ins Weltall geschaut hat. Der eine betrachtet alles von der leichten, der andere von der ernsten Seite; dieser sieht alles mit liebevollem, kindlich-bewunderndem, jener mit zynischem Auge. Im Stil also individualisiert sich der ganze rezeptive und produktive Mensch, so daß nicht nur die Diktion, sondern der ganze Charakter des Werkes bis zur Wahl der Sujets und Milieus den Stil ausmacht.

Vereinzelte Autoren erkennt man auf den ersten Blick unschwer an ihrem Stil (in der speziellen und auch weiteren Bedeutung des Wortes). Die Mehrzahl aber hat keinen besonders markanten Stil, selbst die meisten unserer Besten nicht. Sie gehen also mangels solch einer aparten Ausdrucksweise mehr die Wege einer allgemeineren Kunstform, wie auch einzelne Maler (Lenbach, Stuck, Böcklin) ihre streng persönliche Note haben, das Gros der anderen dagegen sich in seinen Bildern hinsichtlich der Ausführung und Sujetwahl mehr oder weniger ähnelt.

Und da eben der Stil von Haus aus etwas rein Persönliches, ganz von der Wesensart des Autors Gegebenes ist, so wird und muß er's auch bleiben. Wo die natürliche Eigenart eines apart-persönlichen Stils fehlt, dort wird man einem solchen immer noch am nächsten kommen, wenn man sich ungeniert, frei von der Leber weg gibt und redet, wie einem der Schnabel gewachsen ist. Aber es versteht sich von selbst, daß der literarisch Schaffende hier eine gewisse Kultur obwalten lassen und, wo sie fehlt, mit Fleiß und selbstkritischer Strenge hineinbringen muß. Dies gilt vor allem hinsichtlich des Stils in der Hauptbedeutung des Wortes: in der Diktion. Man wird sich eines einwandfreien Satzbaus, sprachlich tadelloser Wendungen, kurz eines „richtigen Deutsch“ zu befleißigen haben, ohne daß die einem natürliche Redeweise dadurch etwa verkünstelt, gedrechselt wird, und in diesem Sinn seinen Stil unablässig beaufsichtigen müssen. Die Beherrschung der Muttersprache ist die erste (aber leider so oft ungenügend erfüllte) Anforderung an den, der ein Buch schreiben will. Sie muß ihm das ganz mühelos zu handhabende Elementarmittel sein, wie dem Briefschreiber die Schreibfertigkeit. Ja man erwartet von ihm gegenüber dem nur Briefe schreibenden Zeitgenossen sogar eine gewisse Sprachkünstlerschaft, die hier und dort „Stilblüten“ (aber nicht zur Bereicherung der humoristischen Ecke der Zeitungen!) treibt und ihn als einen Mann zeigt, der eben besser, eleganter, „hübscher“ als andere sprechen und mit dem Wort jonglieren kann.

Ist diese Voraussetzung einigermaßen erfüllt, so mag der Dichter frei und zwanglos seiner natürlichen Art, zu plaudern, folgen. Und er soll an ihr, sofern er sie von sprachlichen Unarten geläutert weiß, nicht verbessernd herumbasteln und neu stilisieren wollen, vor allem nicht, um den ihm vielleicht besonders imponierenden Stil eines anderen zu imitieren. Das glückt ihm doch nicht. Was er erzielt, ist

7*

höchstens ein manirierter, das Künstliche sofort verratender Stil, eine Homogenität aber bestenfalls nur in ein paar Sätzen, nämlich solange er unter dem frischen Eindruck der Lektüre seines Vorbildes steht. Denn unwillkürlich wird er bald wieder in *seinen* Stil hinübergleiten, und der ganze Effekt sind nun höchst störende Stilverschiedenheiten. Wie sich nämlich *überall* das Gegensätzliche mit Vorliebe anzieht, so pflegt auch ein Autor sich zumeist in einen, seinem eigenen Stil ganz gegensätzlichen zu verlieben. Aber nehmen wir einmal an, daß ein von Natur harmlos-leichter oder zur poetischen Diktion neigender Plauderer — vielleicht aus dem Gefühl heraus, seine Rede sei zu „seicht" — sich eine nüchterne, sachlich-kühle Diktion angewöhnen möchte — was könnte da wohl Gutes herauskommen? Oder daß umgekehrt ein trockener Mensch sich zum Poesievollen, Witzig-Sprudelnden oder Galant-Amoureusen ummodeln möchte — was könnte daraus wohl anders als eine schwülstige Affektiertheit, linkische Pointenklauberei oder eine hinkende Grazie mit süßsaurer Miene werden? Aus seiner Haut kann nun einmal keiner heraus, und so mancher Autor hat sich schon durch solch eine Imitationswut seinen eigenen, recht passablen Stil in Grund und Boden verdorben, ja sich die Freundschaft seines Publikums völlig verscherzt. Man kannte ihn als den und den, der er war von Natur — und da kam er eines Tages mit der angeschminkten Maske eines anderen, die ihn lächerlich machte.

In der Vorsicht bezüglich der Stilreinheit sollte man sogar so weit gehen, kurz vor oder während der Niederschrift einer Arbeit die Lektüre anderer Autoren ganz zu vermeiden, selbst wenn sie einem gar nicht Stilvorbilder sind. Allzu leicht bleibt etwas von der fremden Farbe kleben, und störend mischt sich das Fremde ins Eigene.

Im übrigen darfst du gewiß bei anderen Autoren fleißig zu Gaste gehen. Und gerade in Sachen des Stils kannst du, ohne dir jemals untreu werden zu müssen, mancherlei lernen. Du kannst bei ihnen deinen Wortschatz bereichern; kannst dir von ihnen vormachen lassen, wie man ansprechende, fein stilisierte Vergleiche bildet; und du kannst mit der Lektüre immer mehr die Sprache in deine Gewalt bringen — ein Ziel, aufs innigste zu wünschen. Denn die Herrschaft über die Sprache, dieses unendlich vielgestalte, aus Jahrhunderten allmählich herausgegorene, in tausend Nuancen irisierende Ding, erwirbt man wie eine Wissenschaft niemals ganz, wenngleich sich auch jeder Absolvent einer Bürgerschule beleidigt fühlt, wenn man diesen Besitz bei ihm anzweifeln würde. Nichts kann so sehr wie die Sprachvertiefung den Stil persönlich und in literarischem Sinn vornehm machen; und nichts kann auch ganz allgemein dem Dichter eine so unerschöpfliche Quelle werden. Denn die Sprache ist es nach Schiller, die für uns dichtet und denkt.

Verschiedene Romanarten

Der psychologische, der historische, der humoristische, der Tendenzroman, die Novelle.

„Psychologischer Roman" — ein Untertitel, der uns in der neueren Literatur zuweilen begegnet; der aber noch häufiger fehlt und wie in bösem Gewissen abwesend bleibt bei vielen Büchern, die auch n u r „psychologische" Romane sind.

Das Epitheton „psychologisch" scheint hier eine Art schüchternes Schuldbekenntnis bedeuten zu sollen des Sinnes: Ich wollte gern über den Stoff da ein Buch schreiben, zu meinem Bedauern aber gab er beim besten Willen keine für 200—300 Seiten ausreichende Handlung her; ich mußte also meine Seiten mit der P s y c h o l o g i e dieser Handlung füllen, was ich gütigst zu entschuldigen bitte.

Seltener schon ist der Fall, daß einer ein Buch n u r um dieser Psychologie willen schreibt.

Und beide Fälle sind verfehlt. Gewiß, j e d e r Roman soll nicht nur ein psychologisch richtiger, sondern auch ein „psychologischer" sein, insofern, als es ohne Seelenstudien, ohne gelegentliche Betrachtungen der Gemütslage unserer Menschen und ohne eine sichtbare Entwicklung von Handlungen aus bestimmten seelischen Vorgängen heraus schwer abgeht. Jedoch nach allem, was wir uns schon bei der Frage der „Handlung“ und der anderen der „Charakteristik“ vergegenwärtigt haben, wissen wir auch, wo und wie jener Psychologie die Grenzen gezogen sind: hier in der Forderung eines Überwiegens der Handlung, dort in den Gefahren der Charakterkomplikation, die ein Übermaß an Psychologie von selbst nach sich schleppt und im geschriebenen Werk damit so ziemlich identisch wird.

Der Leser liebt, wie wir gesehen haben, solche psychologischen Ozeane nicht. Und wenn ein Vorwurf in der Hauptsache nicht mehr als das herzugeben scheint, so tun wir ihn am besten bis auf weiteres in unsere literarische Rumpelkammer. Vielleicht, daß Zeit und gelegentliche liebevolle Pflege aus diesem vorläufig unfruchtbaren Ei doch noch einmal etwas Lebendiges ausbrüten.

*

Was den historischen Roman angeht, so scheint er bei uns ganz in Mißkredit gekommen zu sein. Die Verleger winken ab, wenn man ihnen damit kommt, das Lesepublikum nimmt sie, wenn überhaupt, nur resigniert seufzend zur Hand, und die teils wundervollen Werke unserer Historiker-Romanciers vermodern im Bücherschrank. Sie sind eigentlich nur noch die Lektüre bildungsbeflissener junger Leute und romantisch veranlagter braver Schüler, die solch ein Werk als Prämie erhielten; allenfalls noch der Literaturjünger, sintemalen man ein historisches Standardromanwerk wohl oder übel „gelesen haben muß".

Bildet nicht schon diese Tatsache allein für den auf die Stoffsuche ausgehenden Autor eine Warnungstafel am Gelände der Historie? Es steht zwar nicht gerade darauf: „Betreten verboten", aber doch: „Vorsicht".

Ja, Vorsicht ist hier wahrlich am Platz. Nicht nur im Hinblick auf die geringe Gunst, in der der historische Roman bei unserem unromantischen Publikum steht — Vorsicht heißt es vor allem auch in anderer Hinsicht. Denn der historische Stoff ist gar oft ein Verführer, der uns aufs Glatteis lockt und dann elend einbrechen läßt. Nämlich in das grundlose Meer des Wesenlosen, das die Historie ist, und das wir zu unserem Pech für eine unendliche Fülle des Körperlich-Greifbaren, Fertig-Gegebenen hielten, in das man nur hineinzulangen brauchte wie in einen Korb mit gebratenen Tauben.

Vornehmlich der Anfänger, noch unsicher und etwas bange vor den Aufgaben der Menschengestaltung und Charakterschöpfung, sagt sich oft: „Heureka! Ich nehme mir historische Menschen! Die stehen mit allem, was sie waren, dachten und taten, splitternackt in meinem Geschichtsbuch, und ihr Charakter liegt, von den Historikern sorgsam seziert, so unverkennbar deutlich wie ein Präparat unter dem Mikroskop da. Danebenhauen? Ganz ausgeschlossen."

Ja, aber da kommt nur wieder das alte Malheur — daß kein Mensch den anderen kennt. Auch nicht kennen lernt, nachdem der andere die Augen längst zugemacht hat. Aus seinen Handlungen und Worten wollen wir den Menschen rekonstruieren, und ach! — das ist noch weit bedenklicher in der Historie als im Gegenwartsleben, sintemalen dort als mitbestimmende Faktoren tausend Momente mitgewirkt haben, die wir in keinem Geschichtsbuch finden und nicht nachfühlen werden, weil wir den Geist jener Zeit nicht miterlebt haben. Und was kommt heraus? Ein Mensch, der zwar äußerlich das Modell getreulich kopiert (denn wir haben ja sogar im Museum seine Röcke und Hosen besichtigt, falls sie noch da sind), in seinem Charakterbild aber entweder lückenhaft, wenn nicht gar schemenhaft bleibt und uns nur in den seltensten Fällen restlos zwingende seelische Argumente liefert, daß er absolut nur so, wie de facto in der Historie, handeln konnte.

Nehmen wir ein Standardbeispiel: Napoleon. Er ist so lange noch nicht einmal tot. Unsere ältesten Leute könnten ihn noch gesehen haben. Wir blicken in seine Geschichte bis in den hintersten, dunkelsten Winkel; wir haben ganze Bände voll Briefe und gesprochener Worte von ihm, ganze Stöße von Memoirenwerken, in deren Mittelpunkt er, von allen Seiten sichtbar, wie auf einer Drehscheibe steht. Die Archive sind voll von seinen Dekreten, Geheimerlassen, Exposés seiner Taten, die Museen voll seiner Porträts; ja wir besitzen Romane von seiner eigenen Feder, darin er über sich selbst Farbe bekennt; von keiner historischen Persönlichkeit können wir mehr des Charakteristischen und Dokumentarischen finden als von ihm — — aber doch stellen die größten Historiker ganz konträre Bilder seines Charakters auf, die besten Psychologen und Philosophen stehen sich über die innerste Wesensart dieses Mannes in Widerspruch. Und da wollte ein Autor, sei er selbst ein Genie, sich unterfangen, diesen Menschen wahr und echt, so wie er lebte, fühlte und dachte, rekonstruieren zu können?! Sich auskennen zu können in jenem Labyrinth sozialer und zeitlicher Eigentümlichkeiten, die da den „Mann der Jahrhunderte" neben den feststehenden Triebkräften seines Charakters mit zu seinen Handlungen führten?!

Dies ein besonders drastisches Beispiel. Bei anderen Historienmenschen liegt der Fall vielleicht weniger kompliziert, wenn auch anderseits wieder schwieriger dadurch, daß wir ihre Geschichte und ihr Persönlich-Intimes weniger gründlich kennen werden als gerade beim Kaiser Napoleon. Und je weiter die Epoche unseres historischen Modells zurückliegt, um so prekärer wird es, den in Geschichtsbüchern und Archiven nur sehr fragmentarisch zu fassenden Geist jener Epoche zu rekonstruieren oder nur sich selbst zu eigen zu machen. Aber er ist es, wie gesagt, stets, der Handlungen, uns nur Ausfluß des Charakters dünkende Handlungen, wesentlich mit hervorbringt.

Im übrigen unterschätze man auch ja nicht die Größe der Aufgabe, in den sozialen, kulturellen, moralischen Dunstkreis einer fernliegenden Zeit mit selbst noch so gründlichem Studium derart einzudringen, daß man sie spielend bis in die kleinsten Züge des täglichen Lebens zu reflektieren vermöchte. Die damals modernen Gewänder und Utensilien, die örtlichen Bilder alter Städte und Wohnungen, kurz der ganze Museums- und Mappenkram jener Zeit tut es noch lange nicht. Auch das ganze intimere Leben der Menschen war damals anders als heute und offenbart sich nur dem feinen Spürer aus versteckten Zügen und verstaubten Reliquien.

Wir sehen also die mancherlei Bedenken gegen die Wahrscheinlichkeit, daß dir echte Menschen in einem historischen Roman gut geraten werden. Nämlich solange es sich um historische Koryphäen handelt vom Holz eines Napoleon, Cäsar, Karls des Großen, Cromwell, Friedrichs II., Bismarck, einer Katharina, Elisabeth. Doch der Fall ändert sich wesentlich, wenn der historische Roman nicht so sehr auf Menschen und Dinge mit dem Signum des Weltbewegenden, Epochalen abzielt, sondern wenn er nur das, in seinen Leidenschaften und Schwächen rein menschlich sich durch alle Zeitläufte gleichbleibende Menschtum *in älterem Kleide* geben will — vielleicht weil es einmal etwas anderes ist, oder weil wir hierfür in der Historie einen besonders hübschen Vorwurf gefunden haben. Diese Menschen werden wir besser treffen; denn wir dürfen sie mit kleinen Varianten ganz nach uns selber und unseren Zeitgenossen schaffen. Hier wird dann die Historie nur zum örtlichen Milieu; der Mensch aber bleibt modern, d. h. ein Mensch, wie er seit Adam und Eva allzeit modern gewesen ist. Ja die Neueren bedienen sich des historischen Vorwandes mit Vorliebe geradezu zu dem Zweck, gewisse Zeitgenossen, die sie aus etwelchen Gründen nicht direkt abschildern wollen oder dürfen, einmal an den Pranger zu stellen. Der Leser sagt dann auf den ersten Blick: „Schöne Maske, ich kenne dich", und der Autor hat hinter der spanischen Wand der Historie dem betreffenden Zeitgenossen ungeniert einmal gründlich die Wahrheit gesagt.

Dieser „historische Roman" dürfte heute getrost etwas mehr gepflogen werden. Er wäre dankbarer und witziger als der platte, duckmäuserische Realismus so mancher Modernen; ein wohltuenderes Milieu als all die Salons und hochherrschaftlichen Wohnpaläste mit allem Komfort der Neuzeit, die wir bis zum Erbrechen kennen mit ihren sämtlichen Hintertreppen, und in die man uns immer wieder nötigt, um uns ein Spektakel von der menschlichen Komödie zu zeigen, für das es in der Historie soviel schönere Bühnen gäbe.

*

Der humoristische Roman ist seltsamerweise der, welcher vielleicht das größte Maß künstlerischen Taktes erfordert. Nirgends sind nämlich so leicht wie bei ihm die Grenzen des Künstlerischen überschritten, durch einen übermütigen Sprung der tanzenden heiteren Muse, durch einen in der ausgelassenen Laune etwas zu weit getriebenen Scherz. Ohne daß wir's uns versehen, ist das Farcenhafte, die Posse fertig, und sie zählt nicht mehr in den Bereich der Musen, sondern der Hofnarren und Harlekins.

Dies bezieht sich ebenso auf das Sujet und die Akteure wie auf das Wort, den Scherz und den Witz, die Komik der Situationen. Sobald das Sujet zum Theaterpossenmöglichen, die Akteure zu Komikern und besseren Clowns, das Wort zum Selbstzweck des Wortwitzes, der Scherz zum Kalauer oder Zynismus, das ganze Bild zur Grimasse wird, hat das literarisch-künstlerische Element ganz den Boden verloren. Alle karnevalistischen Allüren sind im Tempel der Kunst untersagt.

Aber was ist denn nun Humor? Nichts als das: sich über die Dinge des Lebens stellen; seine Komödie gewissermaßen mit dem überlegenen, still-sarkastischen Lächeln des Philosophen betrachten.

Von hier aus gelangen wir unmittelbar zum Wesen des humoristischen Romans. Wir fassen ihn also gleichsam vom philosophischen Standpunkt auf. Das heißt: Zum Sujet eines solchen kann uns sogar eine an sich durchaus nicht komische, nicht einmal sonderlich amüsante Sache (oder ein Mensch) werden, die aber dadurch, daß wir sie nicht von ihrer poetischen oder nüchtern-realen, sondern schwächsten Seite betrachten und mit philosophischem Sarkasmus belächeln, humoristisch wird. Alles im Leben — ausgenommen das Tragische, das aber oft auch ein Tragikomisches hat — besitzt eine Angriffsfläche für den Humor. Und fast jedes ernste Romansujet könnte ein echter Humorist (nicht im Sinn des Variétés) ebenso seinem Zweck dienstbar machen.

Naturgemäß aber liegen das von Haus aus schon Humor Ausstrahlende und der Mensch mit der Note des Harmlos-Ulkigen seinen

Zwecken besser. Sein Humor findet dann schon vorbereiteten Boden, auf dem er sich mit um so größerem Behagen breitmachen kann. Und eine Dosis kräftigen Mutterwitzes, guten Gefühls für Pointen (die hier etwa das sind, was sonst im Roman die Handlungseffekte) wird dem Leser zur Steigerung seiner olympischen Heiterkeit nur willkommen sein. Aber kein fauler Witz, keine Witzblattkarikatur, kein grober Ulk, keine „zum Brüllen" komische Situation darf in Erscheinung treten. Der Leser soll nicht homerisch lachen müssen, vielmehr mit demselben feinen Lächeln den Humor in sich aufnehmen, mit dem du dieses Stück Leben und Menschtum betrachtet hast.

Und so kommt denn die ganze Frage schließlich darauf hinaus: Der Reiz, das Amüsante am humoristischen Roman — im Gegensatz zur Humoreske — soll nicht im Äußerlichen, nicht in komischen Gesten, Mienen, Reden und Situationen liegen, sondern im Charakter des Ganzen, im Kern der Dinge und Menschen, den du mit der Blendlaterne deines Humors bis in alle Fältchen und Spältchen beleuchtet hast; wie ja auch das feinere Lustspiel — im Gegensatz zu Posse und Schwank — eine „Charakterkomödie" sein soll. In deiner ganzen humorvollen, hier und da vielleicht ein klein wenig zynischen, mokanten Auffassung des Charakters der Dinge soll der ganze Witz deines humoristischen Werkes liegen. Anders ist es eben doch nur eine Humoreske, ein Schwank in Buchform und ein bloßer Lachmuskelerreger, kurz ein Werk, das du — Hand aufs Herz — nur ein paar drolligen Einfällen und guten Witzen zuliebe geschrieben hast, nicht aber, weil du ein „Humorist" bist. Gewiß haben auch solche Werke zur Erheiterung des p. t. Publikums ihre Existenzberechtigung und können in ihrer Art ganz allerliebste, ja virtuose Kunsthandwerkerarbeiten sein. Aber ins eigentliche Kunstgebiet, also auch in das des Romans, der mit künstlerisch nicht Sittenreinem in keiner Weise einen Kompromiß schließen darf, gehören sie nicht mehr.

Der „richtige" humoristische Romanschriftsteller unterscheidet sich demnach vom Pseudohumoristen ganz einfach dadurch: Fast jedes Sujet kann er sich ins Gebet nehmen; der andere aber muß erst warten, bis sein Pointenvorrat genügend assortiert ist, oder — noch schlimmer — etwas Lachhaftes konstruieren und dann wie im Kasperletheater eindrillen; etwas

Lachhaftes, darob am Ende womöglich nicht einmal einer lacht.

*

Was wir vom Tendenzroman zu sagen hätten, ergibt sich im wesentlichen schon aus früher Gesagtem. Er gehört zu den Romanen, wo entweder der Realismus nur um seiner selbst willen, also in künstlerisch nicht stubenreiner Form auftritt und so das Werk für den intuitiven Genuß vergiftet; oder wo das Subjektive zum Nachteil des Künstlerischen die Objektivität überwuchert. Beides also muß dem Tendenzroman zur literarischen Rangerniedrigung werden.

Doch es kann nun auch sein, daß der Autor eines Tendenzromans uns wirklich etwas zu sagen hat und so unversehens ins Tendenziöse hineinkam, vielleicht auch bewußt keine andere Form wählen zu sollen meinte.

Nun, dann mag er hingehen. Wohlverstanden: wenn der Autor uns wirklich etwas zu sagen hat. Jede große Bewegung hat ihr Buch gehabt. Und das war zumeist ein „Tendenzroman".

Der Verfasser eines solchen indes wird in der Regel doch mehr Schriftsteller als Dichter sein (und der Dichter es werden, wenn ihn die Leidenschaft einer Tendenz erfaßt hat). Und deshalb wird er mit heißem Bemühen dem Ziel einer Kunstform zustreben müssen, unter strenger Beobachtung alles dessen, was sich hinsichtlich einer solchen in sozusagen regelhafte Elementarbegriffe überhaupt einfangen läßt. Anders gesagt: Er soll die allgemeinen Verfehlungen gegen die Voraussetzung eines guten, mit Genuß lesbaren Buches etwa so, wie wir sie im Vorstehenden uns vor Augen geführt haben, nach Möglichkeit zu vermeiden trachten. Gerät er dann aber in einen allzu schweren Konflikt mit den Forderungen der Tendenz, dann soll er nicht bewußt die künstlerischen Traditionen des Romans verunreinigen, sondern besser seine Tendenz auf anderem Weg — um Gottes willen aber nicht durch ein Drama — zu Worte bringen. —

*

Die Novelle. Genau genommen gehört sie nicht mehr in das Romangebiet. Sie ist eine Kunstform für sich und bestätigt dies in der Praxis schon dadurch, daß uns viele tüchtige Romanciers noch keine gute Novelle geschenkt, viele tüchtige Novellisten noch keinen „anständigen" Roman auf die Beine gebracht haben. Die Begabung zum einen und anderen liegt eben in ganz Verschiedenem.

Vergegenwärtigen wir uns, was Dichten heißt (nämlich nicht schlechtweg „erfinden", sondern Geschautes und gewonnene Eindrücke in einer persönlichen Note zu einem dichterischen Bild oder Dichtwerk „verdichten"), so können wir etwa sagen: die Novelle erfordert eine gewisse Quintessenz der „Verdichtung", und damit einen in der persönlichen Note besonders stark zur „Verdichtung" Befähigten.

Daraus ergibt sich auch die knappere Kunstform. Denn diese resultiert nicht etwa aus einer Gehaltsarmut des Stoffes — wie es auch ganz verfehlt wäre, einen zum Roman nicht genügend ergiebigen Stoff für eine Novelle als „noch hinreichend" zu betrachten—, sondern allein aus der Bündigkeit und Geschlossenheit des dichterischen Gesamtbildes, mit der sich in der Seele des Dichters-Novellisten das an sich oft sehr dehnbare und gestaltungsreiche Sujet reflektiert hat.

Und hieraus wieder ergibt sich der Umstand, daß die gute Novelle im Leser weit mehr den Eindruck des Verinnerlichten hinterläßt als der Roman.

Die Wahl eines Novellenstoffs, das heißt der Entschluß, einen bestimmten Stoff als Novelle zu behandeln, sollte darum und wird unwillkürlich von dem Gesichtspunkt ausgehen, wie weit dieser Stoff uns tiefinnerlich wirklich bewegt. Das Herz des Dichters soll hier mehr als der feine Geist die Feder führen. Womit nun aber durchaus nicht gesagt sein soll, die Novelle sei der geborene Tummelplatz für Sentimentalitäten. Denn es kann auch gerade der feine Geist den Adel einer Novelle ausmachen; nur wird er dabei viel inniger als bei der romanhaften Wiedergabe eines Lebensbildes vom Gefühl durchsonnt und durchwärmt sein.

So läßt sich denn nach der positiven Seite hin für die Novelle kein Richtweg betreffs der Opportunität ihrer Wahl geben. Daß hier mehr wie im Roman auch die äußere Gebundenheit unter Vermeidung alles Episch-Breiten, alles Komplizierten und Gekünstelten gepflegt werden muß, liegt in der Natur der Sache. Wohl aber darf nach der negativen Seite hin wiederholt werden, daß nichts verfehlter wäre, als einen „kleinen" Stoff, aus dem sich ein Romangebilde nicht herauspressen läßt, für die Novelle zurückstellen zu wollen, weil diese ja „nicht so lang" zu sein braucht. Ein armer Stoff wird in der Novelle noch ärmer, und was eine Novelle werden sollte, wird nur ein Romänchen.

Der geborene Novellist legitimiert sich darin, daß eben sein Werk nolens volens eine Novelle wird. Und dem geborenen Romancier, den es aus dem weiten Feld seiner großen Schilderungswelt nur selten einmal in den lauschigen Blumengarten eines Novellenstoffes führen wird, wird in seinem Alltagsschaffen die Novelle immer der still-poetische Sonntag bleiben.

Was ist ein Dichter?

„Er ist Dichter, und sie tut auch nichts" — soll einmal jemand auf die Frage nach einem Herrn zur Auskunft gegeben haben.

Das klingt wie ein Witz. Ist auch vielleicht von Haus aus nur einer. Und doch liegt etwas sehr Charakteristisches darin, zwar nicht für den Dichter, aber für die Auffassung vieler Leute von dem, was ein Dichter ist.

Ein phantastisch angelegter Mann, der keinen Beruf hat, nichts Rechtes kann, lieber darbt, statt etwas Reelles zu arbeiten, und aus diesen Gründen in der Regel ewig ein armer Teufel bleibt — das ist der Dichter für das Gros eines Publikums, das bei dem Wort „Dichter" Respekt und die vage Ahnung von etwas Höherem nur dann zu empfinden pflegt, wenn es sich um Goethe und Schiller und andere klassische Größen handelt; Größen, die aber in den Augen *ihrer* Zeitgenossen auch nur so etwas Zunftlos-Phantastisches waren, wie z. B. der junge Schiller dem Bäckermeister, dem er seine Rechnung mit Gedichtmanuskripten bezahlte.

Und diese Auffassung der Zeitgenossen eines Dichters von diesem ist — man darf sagen: nur logisch. Denn die große Masse sieht ihn in fast allen Stücken als einen von den bürgerlichen Gepflogenheiten Abweichenden; als einen Outsider in Anschauung, Tätigkeit, Lebenswünschen; als einen Mann, der den vitalen, den Hauptlebensinhalt der Menschenmehrheit ausmachenden Fragen mit befremdlichem Leichtsinn, ja mit Geringschätzung gegenübersteht, sich aus Geschäften nichts macht, alles Materielle mit souveräner Überlegenheit über die Achsel ansieht, sich niemals ganz mit dem realen Leben und seinen Forderungen zurechtfindet und sich bei jedem Gang in die Alltagswelt mit seiner weichen Seele an den Ecken und Kanten der Wirklichkeit wund stößt; als ein Kind, das nicht lernen zu können scheint, wie es rauh, lieb- und ideallos zugeht im Leben und wie man sein Brot den Mitmenschen abzwingt; als ein Kind, das noch im Silberhaar sich mit den Kleinsten um Harmloses freut und immer den Blick in Fernen gerichtet hält.

Was Wunder, daß solch ein Mensch von den meisten seiner Zeitgenossen nicht ernst genommen, belächelt, bespöttelt wird als ein Sonderling? Und daß sie in seinem scheinbar nur in Worten zum Ausdruck kommenden Schaffen etwas Lebensfremdes, für den Fortgang der Welt ganz Zweckloses, Überflüssiges und in ihm selbst nur einen Anbeter des Phantoms erblicken? Und was Wunder deshalb, daß man vom Dichter gleichsam als von dem Manne ohne Lebensberuf spricht?

Dies aber ist die größte Verkennung des Wesens des Dichters. Denn der Dichter hat seinen Beruf, einen erhabenen und so bedeutungsvollen, daß das ganze geistige Leben des Menschenvolkes, die Urkraft des praktischen Lebens und seines Fortschritts, in wesenlose Ebbe zerrinnen würde — fände es nicht im Dichter immer wieder ein Zentrum des Zusammenströmens, ein weithin sichtbares Fanal seines Standes und seines Weges.

Im Dichter kristallisiert sich der Welt-, Zeit- und Menschengeist, der über die große Menge der Arbeitsbienen und Drohnen des Menschheitsstaates nur wie eine flache Welle hinwegspielt, immer von neuem zu funkelnden Diamanten, um aus ihnen als ein einiger Sammelstrahl mit dem bunten Licht des tausendfältig Universalen jedem einzelnen ins Auge zu blenden; im Dichter finden alle Erscheinungen der Wirklichkeitswelt ihren Brennpunkt wie in der geschliffenen Linse der Kamera, und seine Seele zeigt sie als einiges Bild der Welt seiner Zeitgenossen, sein Mund verkündet in einigem Wort, was vordem ein unübersehbares Chaos von Einzelideen, ein wirres Massenhaftes von Begriffen, Vorstellungen, Empfindungen, Meinungen, Willenszielen gewesen ist. Und da auch die Dichter Menschen verschiedener Individualität sind und deshalb ein jeder von ihnen die Welt in seiner Art reflektiert, so kann in ihr kein Splitter, kein irrender Strahl des Zeitengeistes, kein Gefühl und kein Wille verloren gehen. In ihrer Gesamtheit ziehen die Dichter gleich wie Magneten alles an sich heran, was an Geistigem und Seelischem im Leben und um das Leben ist.

So werden sie zu den Propheten ihrer Zeit. Und indem sie das Spektrum dieser ihrer Zeit ihren Mitmenschen vorhalten, führen sie sie zur Selbsterkenntnis, zum Bewußtsein ihrer Existenzwirklichkeit, zeigen Gefahren, in die sie geraten sind, Wege zum Besseren, neue Ziele, verkünden die Stunde, wo dem alternden Wandel ein neuer Messias erstehen soll.

Und so dürfen wir sagen: Die Dichter sind die ideellen Führer der großen Masse ihres Volkes; sie sind ihr Herz, ihr Gewissen, ihr Willenszentrum, ihr seelischer Hort; sind die Wächter ihrer heiligsten geistigen Güter, die der Sturm von Milliarden Einzelenergien in alle Winde zerstreuen würde, wenn sie die

Dichter nicht festhielten in ihrer liebenden Seele.

Sollten wir so nicht glauben, daß die Vorsehung dem Fühlen und Denken der Menschen die Dichter gegeben hat wie den Völkern die Könige? Wir müssen es glauben, wenn wir sehen, wie der Dichter allen Leiden seines Berufes, allem Verkanntwerden und aller Verständnislosigkeit seitens seiner Zeitgenossen zum Trotz oft selbst unter den härtesten Entbehrungen mit unentwegtem Glauben an sich und rührender Begeisterung seinem Beruf treu bleibt, als fühlte er sich von höheren Mächten dazu bestimmt. Er lebt von seinem Traum und stirbt mit ihm, ja oft genug an ihm, und so ließen die Dichter aller Zeiten — unserer neuen nicht ausgeschlossen — das der Welt so nötige Vorbild nicht untergehen: daß es noch Menschen gibt, die für ihre Ideale zu sterben, ja zu verhungern imstande sind. Seht, das ist ein Dichter!

*

Daß er auch Künstler ist, bleibt ein Ding für sich. Freilich ein Ding, das als innere Notwendigkeit in seiner so eigenen Wesensart liegt und ihm zugleich das unentbehrliche äußere

Hilfsmittel bleibt, das, was er zu sagen hat, in Schönheit zu sagen. Und da tritt der Dichter mit seinem anderen Daseinszweck und -willen vor uns: ein Hüter und Pfleger der Schönheit zu sein; ein Träger des Glaubens an sie und des Glaubens an alles Höhere.

Der Nichtidealist und Alltagsmensch wird solchem Daseinszweck als vollgültigem, ja bedeutsamem Lebenszweck eines Mannes wiederum die Anerkennung versagen. Als ein nüchterner Lebenspraktiker wird er auch für den Dichter als Schönheitsapostel und Träger von Glauben und Ideal nicht viel mehr als das Achselzucken des Nichtverstehenden haben. Und doch bedarf das Menschenvolk auch dieses Dichters zu seinem Sein so nötig wie der Gesetze der Weltordnung, die es so selten versteht und so gern verneint. Denn wohin sollte es kommen in unserer Welt, schritte inmitten des großen Daseinskampfes, in dem die Instinkte des Selbsterhaltungstriebes wie Bestien gegeneinander ringen und das Niedere triumphiert, nicht ein Mann, der mit immer neuem Wort den Kämpfenden zuriefe: „Seht, ihr seid ja gar nicht die Niederen, die ihr im Schlamm eures Kampfplatzes scheint und scheinen wollt! Es ist auch Edles in euch.

Diese eure Juwelen, die ihr in der Leidenschaft eures Kampfes um den Platz an der Sonne achtlos verlieren wolltet — ich habe sie euch aufbewahrt: den Edelmut, die Treue, die Menschenliebe und das Schönste: euer Gewissen. Ich halte es hoch in der Hand, daß es der Schlamm nicht bespritzt. Empfangt es aus meiner Hand zurück!" — Und die Menschen, die da im eklen Kampf, im unbewußten Bann ihres Höheren vor sich selbst zu erschrecken begannen, blickten dankbar zu jenem Manne empor. Wer ist der Treffliche, fragen sie, der uns so aus der Not unseres Herzens rettete und uns mit dem Glauben an uns neuen Lebensmut, neue Freude am Leben gab? Seht, es ist der Dichter!

Ja, zu allen Zeiten ist es mit der Kirche der Dichter gewesen, der das Edle im Menschen weckte und zu großen Taten beflügelte. In der unschlüssigen Stunde der Gefahr sang er das Kriegslied; rief sein Mene tekel in den Taumel sich vergessender Leidenschaften; zeigte, wo sich der genußlüsterne Mensch auf die Abwege einer Überkultur verlor, den Weg zum Jungbrunnen der Natur zurück; wies in schweren Tagen nach oben, dem Licht zu. Und zu allen Zeiten wird der Dichter der Mann bleiben, der durch den Staub des Alltags voll ewigen Wechsels, beständigen Umwertens seinem Volk getreulich die Bundeslade mit dem Allerheiligsten trägt: dem feststehenden Ideal des Schönen und Reinen; der Mann wird er bleiben, der die Zweifelnden und Verzweifelten immer wieder auf die Zinne seines Tempels führt, um ihnen zu zeigen: all diese Herrlichkeit ringsum ist das Leben.

Und noch eins: Der Dichter ist es, der euch noch ein anderes, teures Kleinod hütet: die Muttersprache. Auch in ihr ist er der unentbehrliche Träger der Schönheit. Fragt euch: Was sollte wohl aus der zu tausend praktischen Zwecken verschieden gehandhabten, zu ungezählten Amts- und anderen „Stilen" vergewaltigten, im Alltag, in Wort und Schrift so viel geschändeten Sprache werden — und was w ä r e schon längst aus ihr geworden — bewahrte sie nicht der Dichter rein und edel in seinem Mund, um sie mit seiner Kunst immer noch zu verschönern und zu bereichern?!

*

Wir sagten, der Dichter sei ein Prophet. Nun ja. Und darum gilt er zumeist auch nicht viel in seinem Lande, d. h. in seiner Zeit. Es ist seltsam: die Menschheit scheint nun einmal an das Höhere in denen, die mit ihr in der eigenen Familie geboren, nicht glauben zu können — vielleicht aus der richtigen Einschätzung ihrer eigenen Werke heraus. Und das ist hart für den Dichter. Denn er, der sich nach seiner ganzen Wesensart von der bürgerlichen Ameisenarbeit zur Fristung des Lebens auszuschließen verurteilt ist und nur Werke schafft, die zum Bedarf des täglichen Lebens nicht unmittelbar gehören, muß so stets der wirtschaftlich Unfruchtbare, im Existenzkampf leer Ausgehende bleiben (solange er auf seinem einsamen Berge verharrt und nicht zu einem geschäftlichen Kompromiß mit den Wünschen des Publikums heruntersteigt). Selten begegnet ihm auf seinem Dornenpfad ein Mäzen, ein vielmögender Geistesbruder. Und die Mächtigen sind ihm noch seltener Freund, weil er die Wahrheit zu sagen liebt, das enfant terrible gegenüber den diplomatischen Künsten bleibt. Und so bleibt er in seiner äußeren Daseinserscheinung wohl oft auch der Mann, als den ihn der Griffel seiner spöttelnden Zeitgenossen zeichnet: der Mann, der da in kalter Dachstube mit hungerndem Magen an den durchgeistigten Fingern Versfüße abzählt ... Der Mann, der da nach einem kargen Leben im engen Kämmerlein seiner Einsamkeit mit dem weiten blauen Himmel seiner Seele darüber den Rest seines Hoffens still resigniert in die Zukunft trägt: — die nach ihm werden ihn hören, da ihn die mit ihm nicht hören wollten; der Mann, auf dessen Grab oft erst die Rose blüht, deren Stamm er sein ganzes Leben mit Liebe gepflegt hat: die Freundschaft seines Volkes.

Seht, das ist der Dichter.

Nachlese

Eine Frage: Wie alt bist du, junger Dichter und junge Dichterin? — Pardon, ich will's ja nicht wissen. Beantwortet euch diese Frage selbst und bedenket: Wer ein Buch schreiben, also seinen Mitmenschen etwas sagen möchte, der darf selbst kein Grünschnabel, kein halber Backfisch mehr sein. Er muß schon ein wenig gereift sein, ein bißchen ins Leben gerochen haben, muß ungefähr wissen, wie's aussieht da draußen in dem Ameisenhaufen Welt, und was ein Mensch für ein seltsamer Bastard von Engel und Raubtier ist. Muß auch an seinem Herzen schon eine Narbe tragen, denn der Mensch wächst aus dem Schmerz. Muß schon einmal ein wenig seinen Mann gestanden haben im Leben, denn edles Selbstbewußtsein und Persönlichkeit sind die schöne Beute des *Kampfes*. Gewiß sollst du nicht warten, bis du von Lebensweisheit triefst, im Umgang mit der Menschheit ein Skeptiker wurdest und das vom Jugendidealismus gefachte Feuer deiner Dichterseele so sachte zu einem Flämmchen geworden; und bis des Gedankens Blässe die impulsive Lebensfrische deines drängenden Jugendmuts angekränkelt hat. Denn ach! — so mancher Poet verlor schon sein Bestes, sein reines, gutgläubig-goldenes Jugendherz an die

Feindseligkeiten des Lebens, und der gereifte Geist begann grausam in nackte Atome zu zerpflücken, was vordem ein schönes Gefühl, ein Traum der Lust, ein Glaube, ein Idol gewesen, und mit den Säuren des kalten Verstandes das Dichterblut zu vergiften.

Also greife zur Feder, sobald du glauben darfst, daß der ältere oder vielleicht schon weißhaarige Leser nicht mehr über kindliche Naivitäten in deinem Werk zu lächeln braucht. Und der Dichter ist ja stets älter als seine Altersgenossen. Im übrigen sei dir zu wünschen, daß du wohl älter, aber nie alt werden mögest. Bewahre dir als Dichter ein junges und reines Herz bis zur Bahre!

Zum zweiten: Hast du den letzten Punkt hinter deinem Opus gemacht, so hab's nicht zu eilig, es in Reinschrift zu bringen und den Verleger damit zu beglücken (falls du das Glück hast, einen zu finden, denn diese Herren sind leider manchmal sehr eigensinnig und ganz verständnislos für deine Bedeutung). Nein, mache es wie der Handwerker mit der fertigen Arbeit: Betrachte sie mit liebevoller Gründlichkeit noch einmal von allen Seiten, glätte und säubere sie, entferne die Späne und Spuren der Werkstatt. In der Literatur nennt man das feilen. Und man versteht darunter ein sorgfältig-kritisches nochmaliges Überarbeiten von der ersten bis zur letzten Seite hinsichtlich der Sauberkeit des Satzbaus, der Interpunktionen, vor allem aber der Klarheit des Ausdrucks und der Treffsicherheit des Wortes.

Du wirst da noch auf manchen Hobelspan stoßen; auf manchen Nagel, der nicht ganz auf den Kopf getroffen war; wirst bei manchem Wort lange, vielleicht stundenlang verweilen, um dafür ein beredteres, präziseres zu finden, manchem noch etwas hinkenden Vergleich auf die Beine helfen. Auch wirst du jetzt merken, wo du zu breit wurdest, und die Feder tief in die Tinte tauchen, um ein paar Zeilen oder auch eine ganze Seite zu streichen, Schachtelsätze zu entschachteln und Phrasenhaftes auszulöschen. In dieser Hinsicht darfst du ziemlich unbarmherzig zu Werke gehen, zum Vorteil des Ganzen. Alles Schlackenhafte muß vom Guß herunter.

Nie aber soll dieses Feilen in eine Neubearbeitung ausarten. Den ursprünglichen Fluß und die Originalität des ersten Gusses darf es niemals verwischen, vielmehr nur polieren. Darum ist ein allzu minutiöses Feilen vom Übel. Und dessen muß besonders der mit seinem

Werk von Natur allzeit unzufriedene Künstler eingedenk bleiben.

Am besten beginnst du mit dem Feilen nicht unmittelbar nach Abschluß der Niederschrift. Laß den Most erst ein wenig gären! Hast du dich durch eine entsprechende Pause dem eigenen Werk etwas entfremdet, so wirst du es später unparteiischer, objektiver wiederfinden. Und etwaige Mängel werden dir dann schärfer ins Auge springen.

Überhaupt — die Pausen! Wie der Soldat die Schlachten vorzugsweise mit den Beinen gewinnt, so gewinnt der Dichter den Sieg des Erfolges nicht zum wenigsten durch die Pausen. — Schreibe nicht zu viel! Ein Geist, aus dem man schöpfen will, muß Ruhe zum Nachfluß des Neuen haben. Auch beim Obstbaum liegt zwischen zwei Fruchtperioden ein Winter der Ruhe. Beim Autor braucht er deshalb nicht ein Winter des Mißvergnügens, d. h. der Langenweile zu sein, sondern er wird ihn mit Lektüre, Sammlung neuer Anregungen und Pflege des ruhenden schöpferischen Geistes angenehm ausfüllen. Das Zuvielschreiben, die forcierte Fruchtbarkeit hat eine Entkräftung des Nährbodens, ein Abhetzen der Phantasie, eine Erschlaffung der Spannkräfte der Konzeption, Oberflächlichkeit und so Qualitätsminderung der Arbeit zur unausbleiblichen Folge. Man „schreibt sich ab". Ganz abgesehen davon, daß man sich durch eine Überproduktion an Werken beim Lesepublikum allzu leicht zum täglichen Brot macht, statt mit selteneren Gaben sein Festtagskuchen zu bleiben.

Eine recht nutzbringende Beschäftigung während der literarischen Ferien ist die Lektüre nicht nur anderer Werke, sondern auch ihrer Kritiken. Nicht jener Kritiken, die die Verleger präsentieren, und nach denen heutzutage so ziemlich jedes Buch ein Meisterwerk ist; vielmehr der Kritiken aus berufener Kritikerfeder, wie du sie in geistig höherstehenden Tageszeitungen findest. Solch ein Kritikstudium, das nicht einmal immer mit der Lektüre des betreffenden Buches Hand in Hand zu gehen braucht, wird dir am besten dartun, was dem Leser gefällt, welche Sünden im allgemeinen gegen den literarischen Anstand vorkommen können und zu meiden sind. Und wird dir zur Bildung deines Geschmacks oft genug die Geschmacksverirrungen anderer zu Gemüte führen. Freilich darfst du dabei niemals vergessen, daß in der Buchkritik auch der Parteien Haß und Gunst häufig ein wenig mitspricht. Dem Erfolgreichen zumal werden nie die heimlichen Neider seines großen Loses fehlen, und dem Freund wird manches Lob zu laut gespendet. Du selbst aber laß dich nicht durch die Kritiken deiner eigenen Werke in deinem Weg irremachen! Laß den Geifer der Kritikaster kalt an dir herunterlaufen und würdige sie keiner Geste deines Unmuts, wie du auch ihr leicht überschwengliches Lob mit Skepsis aufnehmen sollst. Aber den ruhigen, erzieherischen Mahnungen erfahrener Kritiker (das sind Künstler des Rezeptiven) öffne willig dein Ohr und folge ihren Fingerzeigen, solange du ihnen zuliebe nicht gegen deine besseren künstlerischen Überzeugungen zu agieren brauchst. Die Erfolgreichsten waren fast ausnahmslos die Geschmähtesten. Und so mancher noch heute Bestgehaßte der Kritik ist zugleich doch der erkorene Liebling des Publikums. Bist du ein Könner, so wirst du aller schmälenden Kritik zum Trotz deinen Weg machen (soweit das in unserer für Literatur und alle Kunst überhaupt so tristen Zeit selbst dem wahren Talent möglich ist); bist du keiner, nun, dann wird dein Mißerfolg beim Publikum nur die Bestätigung einer schlechten Kritik sein. Nie wirst du dich durchbeißen, sondern immer nur ein Gebissener bleiben. H a s t du aber Erfolg, so werde nicht übermütig! Der Erfolg stimme dich ernst. Suche ihn deinem Publikum mit noch besserem zu danken! Dein Stand wird schwerer. Denn auch in der Literatur ist nichts schwerer zu ertragen, als eine Reihe von glücklichen Tagen.

Schlußwort

Es wäre möglich, daß man an den Ausführungen über die technischen Fragen des Romans das Fehlen einer Auswahl von Schulbeispielen bemängelt. Gewiß, es ließen sich aus dem ungeheuren Gebiet der Romanliteratur Beispiele in reicher Fülle heranziehen, Beispiele, wie man es machen und wie man es n i c h t machen soll. Aber mit solchen Beispielen ist's eine heikle Sache. Gib mir ein geschriebenes Wort, und ich werde dich an den Galgen bringen, heißt es. Ein Beispiel, das doch fast niemals restlos die Parallele zieht, wird für das Gesagte allzu leicht eine Einschränkung oder auch ein scheinbares Testimonium eigenen Begriffsmangels; für den zu Belehrenden aber leicht die Leimrute, an der er bei eigener Überlegung des fraglichen Falles kleben bleibt; ein Modell, nach dem er dann gar zu gern und zu nachdrücklich schielt, so daß er unversehens in die Kopie verfällt. Deshalb schien uns das Paradigma gerade in Dingen der Literatur eher ein Hemmungs- als ein Förderungsmittel geistiger Erweiterung.

Denn der e i g e n e Geist ist es, der bei der Arbeit der Feder seine Freuden an s i c h und mit s i c h erleben soll! Freies, geistiges Schaffen ist schön. Es ist die Loslösung vom Alltäglichen, der Aufschwung in die höhere Sphäre des Menschlichen; ein Sonntagsspaziergang im feierlich-einsamen Frühlingswald bei Glockengeläut, wo noch der Tau an den Blättern schimmert, die junge Erde duftet, die Sonne über die Kiesel des Weges spielt und der Käfer still-emsig sein Stückchen Weltarbeit zu verrichten geht; wo wir aus dem blauen Himmel die Gottheit schauen sehen und im leisen Raunen des sprossenden Lebens die Stimme des Schöpfers der Welten und unserer ewig schönen und reichen Erde hören.

Und nun an die Arbeit!

Zeitfracht Medien GmbH
Ferdinand-Jühlke-Straße 7
99095 Erfurt, Deutschland
produktsicherheit@kolibri360.de